ARKANA

W0058645

Buch

Diese grundlegende Einführung in die Techniken des Mentaltrainings legt dar, wie es für jeden ohne weiteres erlernbar ist, sein Leben erfolgreich zu gestalten. Voraussetzung ist, innerlich bereit zu sein, bestimmte geistig-seelische Gesetze zu akzeptieren und sie praktisch anzuwenden. Dann gehen Wünsche tatsächlich in Erfüllung, anspruchsvolle Pläne lassen sich plötzlich realisieren und die Klippen des Alltags mühelos bewältigen.
Der Autor vermittelt das Beste vom Besten aus dem Erfahrungsschatz der verschiedensten Kulturen und geistigen Schulen; diese unterschiedlichen Traditionen hat er zu einer zeitgemäßen Methode zur geistigen Meisterschaft verflochten.

Autor

Kurt Tepperwein, geboren 1932 in Lobenstein, war erfolgreicher Unternehmer und Unternehmensberater, ehe er sich 1973 aus dem Wirtschaftsleben zurückzog. Er wurde Heilpraktiker und Forscher auf dem Gebiet der wahren Ursachen von Krankheit und Leid. Er lehrte als Dozent an verschiedenen internationalen Institutionen, unter anderen an der Friedensuniversität in Berlin. Seit 1997 ist Kurt Tepperwein Dozent an der Internationalen Akademie für geistige Wissenschaften in Vaduz. Die Anwendung der von ihm geschaffenen Technik des Mental- und Intuitionstrainings ist heute für viele Menschen unverzichtbarer Bestandteil ihres Leben.

Im Goldmann Verlag sind
von Kurt Tepperwein außerdem lieferbar:

Geistheilung durch sich selbst (11738)
Die geistigen Gesetze (21610)
Bewusstseinstraining (21549)
Der Weg zum Millionär (21551)
Jungbrunnen Entsäuerung (14207)
Wunder vollbringen durch schöpferische Imagination (21642)
Gesund für immer (21703)
Von Angst zur Lebensfreude (21734)
Verwirklichen (21735)
Gelassenheit (21738)
Erfinde dich neu (21752)
Die hohe Schule des Lebens (21762)
Das Geldgeheimnis (16380)

KURT TEPPERWEIN

KRAFTQUELLE MENTAL-TRAINING

Eine umfassende
Methode das Leben
selbst zu gestalten

ARKANA

GOLDMANN

FSC

Mix

Produktgruppe aus vorbildlich
bewirtschafteten Wäldern und
anderen kontrollierten Herkünfte

Zert.-Nr SGS-COC-1940
www.fsc.org
© 1996 Forest Stewardship Council

Verlagsgruppe Random House FSC-DEU-0100
Das für dieses Buch verwendete FSC-zertifizierte Papier
München Super liefert Mochenwangen.

9. Auflage
Vollständige Taschenbuchausgabe 1993
Wilhelm Goldmann Verlag, München,
in der Verlagsgruppe Random House GmbH
© 1986 der deutschsprachigen Ausgabe
Ariston Verlag, Genf
Umschlaggestaltung: Design Team München
Umschlagfoto: Vierow
Druck und Bindung: GGP Media GmbH, Pößneck
WL · Herstellung: Str
Printed in Germany
ISBN-10: 3-442-12141-8
ISBN-13: 978-3-442-12141-0

www.goldmann-verlag.de

Inhaltsverzeichnis

*Dieses Buch widme ich meinem Sohn Sidh,
der durch seine Arbeit und viele wertvolle
Hinweise wesentlich zur Erarbeitung des
Mentaltrainings beigetragen hat.*

Vorwort

Unser Leben als ein »Meisterwerk« auszuweisen ist unsere Aufgabe. Die Anwendung der in diesem Buch beschriebenen Techniken wird auch Ihr Leben entscheidend verändern, genau wie es bei mir der Fall war. In dem vorliegenden Buch möchte ich Sie mit einer Methode bekannt machen, die ich in dreißig Jahren der Wissensaneignung und der praktischen Anwendung meiner Erfahrungen entwickelt habe, und Ihnen den Weg aufzeigen, wie Sie diese Methode optimal für sich einsetzen können. Mit dem Mentaltraining haben Sie die Möglichkeit, das Leben sinnvoll zu gestalten und zu meistern.

Das eigentliche Abenteuer meines Lebens begann 1972 in Sofia. Ich befand mich dort auf Einladung von Professor Dr. Georgi Losanow, einem bulgarischen Psychiater, der eine revolutionäre neue Lernmethode entwickelt hatte, die mich brennend interessierte: die Suggestopädie.

Einige Tage nach meiner Ankunft in Sofia fand ich eine Nachricht in meinem Hotelfach: Ein Mann aus Südafrika wollte mich unbedingt sprechen. Ich war nicht sonderlich an neuen Bekanntschaften interessiert, denn ich wollte mich voll und ganz auf die Erforschung von Professor Losanows Lernmethode konzentrieren. Am nächsten Tag fand ich eine weitere Nachricht des Südafrikaners vor, und wieder rea-

gierte ich nicht. Als am dritten Tag jedoch erneut eine
Nachricht hinterlegt war, wurde ich doch neugierig,
was der geheimnisvolle Unbekannte denn so dringend von mir wollen könnte.

Wir verabredeten uns, und ich erfuhr bei unserem
Treffen, daß er in Johannesburg ein Institut für
»Mind development«, also für geistig-seelische Entfaltung, betreibe. Er hatte bereits von mir gehört und
war der Meinung, ich müsse seine Methode unbedingt kennenlernen. Was er mir dann erzählte, war so
phantastisch, daß es schon fast unglaublich klang. Daher lud ich ihn nach Deutschland ein, um im kleinen
Kreis gemeinsam mit Freunden seine Methode der
Lebensmeisterung und -gestaltung kennenzulernen.

Was wir von diesem Mann dann erfuhren und später in der praktischen Anwendung in seinen Auswirkungen erlebten, erschütterte mein bisheriges Weltbild. Fast täglich hörte ich seither von meinen Freunden, wie sie mit Hilfe der neuen Methode in ihrem
Leben Ursachen gesetzt hatten, die sehr schnell die
erwünschten Folgeerscheinungen hervorbrachten.
Auch ich begann in dieser Zeit, mein Leben bewußt
nach meinen Vorstellungen zu gestalten. Ich erlebte
immer wieder, wie eine »Idee von gestern« bereits am
nächsten Tag Wirklichkeit wurde, und konnte es
lange nicht fassen, daß wirklich ich der Schöpfer gan-
zer – mir zum Glück gereichender – Ereignisketten
sei.

Zwar war mir der Gedanke an Schicksalsgestaltung nicht fremd. Schon mit siebzehn Jahren hatte
ich begonnen, die Weisheitsbücher der Menschheit zu
lesen. Angefangen hatte ich mit der Bibel. Es folgten
im Laufe der Jahre das Tao-te-king, die Bhagawad-
gita, die Upanischaden, das I-Ging, die Yoga-Sutren
des Patanjali, das Popol Vuh, das ägyptische Toten-

buch, die Lehre Buddhas, die grundlegenden Werke über den Zenbuddhismus, der Koran und der Talmud sowie Literatur über die Rosenkreuzer und die Freimaurer. Im Laufe der Jahre las ich Bücher von Jakob Lorber, Alice A. Bailey, Krishnamurti, Paul S. Brunton, Franz Bardon, Anandamoyi ma, Ramana Maharshi, Caligaris, Gustav Meyrink, Karl Weinfurter, Dr. Joseph Murphy, Sri Aurobindo, Gurdjeff, Bo-Yin-Ra, Fritjof Capra, H. E. Douval, Laotse, Konfuzius, Bruder Lorenz, Joel Goldsmith und letztlich Meister Eckehart. Diese Aufzählung kann Ihnen Anregungen geben, aus welchen Quellen Sie Urwissen der Menschheit schöpfen können.

Die Auseinandersetzung mit Leben und Lehren der Wissenden aller Völker und Kulturen hatte mich im Laufe eines erlebnisreichen Lebens geprägt. Ich hatte mir schon früh die Techniken der Selbst- und Fremdhypnose angeeignet und die Astrologie und die Numerologie kennen- und schätzengelernt. Ich hatte lange Zeit einen indischen Yogi zu Gast gehabt, der mir die Kunst des Feuergehens und des Lebendig-begraben-Werdens eindrücklich demonstrierte. Das »Wunderbare« war mir daher vertraut. Und doch war es eine ganz neue Erfahrung, über die unglaublichen Kräfte des menschlichen Geistes und der Seele nicht nur in Büchern zu lesen beziehungsweise sie an anderen zu beobachten, sondern sie selbst zu gebrauchen und zu sehen, wie gesetzte Ursachen sich in meinem eigenen Leben verwirklichten. Das Schicksal gehorcht seinen eigenen inneren Gesetzen, und ich lernte, diese Gesetze zu meinem eigenen Wohl anzuwenden.

Dieses wunderbare Erlebnis und all meine weiteren Erfahrungen möchte ich gerne an Sie weitergeben, und so ist dieses Buch entstanden. Es gibt Ihnen einen Einblick in hochwirksame Methoden der Schicksalsgestaltung und erläutert Ihnen die wichtigsten geistigen Techniken der Selbsthypnose, des Yoga, des autogenen Trainings, der Kahuna-Magie und Huna-Meditation, der Psychokybernetik, der Kinesiologie, der Sophrologie, der schöpferischen Imagination und des sinnvollen Betens. Ich habe die Methoden des Mentaltrainings allen überflüssigen Beiwerks entkleidet und sie zu einem in sich systematisch gegliederten Weg der Schicksalsgestaltung zusammengefaßt.

Diese Zusammenschau verdanke ich einem meditativen Erlebnis, in dem sich mir die wesentlichen Zusammenhänge von Ursache und Wirkung offenbarten und der Weg, wie man die jedem Menschen innewohnende schöpferische Kraft zur Entfaltung bringen kann. Dieser Weg ist ein jahrtausendelang sorgsam gehütetes Geheimnis, dessen Kenntnis stets nur Eingeweihten zugänglich gewesen war. Wenn Sie das vorliegende Buch gelesen haben, gehören auch Sie zu den Eingeweihten.

Doch dieses Geheimnis erschließt sich jedem Menschen nur, soweit er innerlich dafür bereit ist. Der eine sieht in den folgenden Ausführungen vielleicht nur interessante Informationen oder »technische« Handlungsanweisungen, ein anderer erlebt dagegen eine geistig-seelische Explosion und wird zum bewußten Meister seines Schicksals; so jedenfalls ist es mir ergangen.

Was Sie aus dieser Chance machen, liegt allein in Ihrer Hand!

Kapitel 1

Einführung: Grundlagen und Aufbau des Mentaltrainings

Was Sie aus diesem Buch lernen können

In Ihren Händen halten Sie ein Buch, das Ihnen die Möglichkeit gibt, Ihr Leben von Grund auf umzugestalten und ihm eine neue Richtung zu geben.

Mit ähnlichen Versprechen beginnen viele Bücher, denken Sie vielleicht. Und doch unterscheidet sich das im folgenden in aller Ausführlichkeit dargestellte Mentaltraining entscheidend von anderen Lehren, Systemen und Methoden: Aus aller Welt und aus den verschiedensten Bereichen praxisbewährten Wissens habe ich nur das zusammengetragen, was sich bereits als wirksam erwiesen hat. In diesem Buch finden Sie tatsächlich nur Methoden der »Kunst«, das Leben zu meistern und zu gestalten, die schon Millionen Menschen geholfen haben, ihre Probleme zu lösen und auf Erfolgskurs zu gelangen.

Aus allen Quellen der geistigen Überlieferung sowie neuester wissenschaftlicher Erkenntnis habe ich das Beste, nur Bewährtes und Erfolgssicheres, ausgewählt und unter dem Begriff des Mentaltrainings zusammengefaßt. Nur das Beste vom Besten möchte ich Ihnen in diesem Buch vorstellen und ausschließlich Methoden, die ich selbst erprobt habe und daher mit bestem Gewissen weiterempfehlen kann.

Dieses Buch ist für Sie – sowohl den Leser als auch die Leserin – geschrieben. Die hier dargestellten und erklärten »Techniken« der Persönlichkeitsentfaltung und erfolgreicher Lebensgestaltung sind leicht verständlich und jederzeit nachvollziehbar, so daß Sie sofort mit ihrer praktischen Anwendung beginnen können. Das Mentaltraining ist eine Methode, die Anfänger und Fortgeschrittene gleichermaßen schnell und sicher zum Erfolg führt. Ihr persönlicher Erfolg in allen Lebensbereichen ist das Ziel, zu dem das Mentaltraining Sie hinführen soll.

Die Methode des Mentaltrainings ist im übrigen so einfach, daß auch ein Kind sie verstehen kann. Doch in diesem Umstand liegt auch eine gewisse Schwierigkeit begründet. Vielleicht werden Sie zunächst gar nicht glauben können, daß man mit so einfachen Mitteln so große Wirkungen erzielen kann, und doch ist es so! Wir müssen nur die Gesetze des Lebens kennen und beachten und dafür Sorge tragen, daß sie durch uns wirken können, denn erst durch unser Denken und Wünschen geben wir den Gesetzen des Lebens ihre im Einzelfall sichtbare Wirkungsrichtung. Ein Gesetz kann selbst nichts ausrichten. Erst indem wir bestimmte Ursachen setzen, lösen wir auch Mechanismen aus, die die Richtung und den Verlauf unseres Lebens bestimmen.

Jede Situation wird durch unsere Vorstellung in ihrer Qualität verändert. Erst unsere Vorstellung von der Welt schafft unsere persönliche Wirklichkeit!

Sie selbst bestimmen Ihr Schicksal

Wo unser Auge Stoffe und Formen wahrnimmt, ist in Wirklichkeit nur Energie, denn alles, was existiert, ist letztlich reine Energie. Dies hat die Naturwissenschaft in den vergangenen Jahrzehnten eindeutig nachgewiesen, und das wußten auch die Weisen dieser Welt schon von jeher. Sie werden daher einfach nichts finden, was nicht aus dieser grundlegenden Energie gemacht ist: Gedanken, Gefühle, Materie, alles besteht aus der gleichen Grundenergie.

So wird uns nun auch klar, warum wir durch die bloße Kraft unserer Gedanken unsere Persönlichkeit, unsere Lebensumstände, ja selbst von uns scheinbar unabhängiges Geschehen verändern und beeinflussen können. Jede Energie verändert ihr jeweiliges Umfeld. Wenn Sie also die Kraft Ihrer Gedanken konzentriert auf ein Ziel richten, so werden Sie dieses Ziel früher oder später auch erreichen.

Nichts entsteht jedoch aus dem Nichts, das ist ein Naturgesetz. Wer nichts tut, wird deshalb auch nichts erreichen. Umgekehrt ergibt sich aus dieser Gesetzmäßigkeit, daß jede auch noch so »geringe« Aktion, jedes Handeln, eine gleichwertige und der Aktion entsprechende Reaktion hervorrufen muß. Es geht in diesem Universum keine Energie verloren. Auch jeder Ihrer Gedanken ist eine »Aktion«, die eine Reaktion in Ihrer Umwelt auslöst und entsprechend Einfluß auf Ihr Schicksal ausübt. Wenn Sie sich diesen Zusammenhang bewußtmachen, werden Sie erkennen, welch unermeßliche schöpferische – aber auch destruktive – Fähigkeiten dem Menschen gegeben sind. Ja, wir sind dazu aufgerufen, in dieser Welt zu wirken; denn bereits in der Bibel heißt es: »Macht euch die Erde untertan!«

Dieser Ausspruch will jedoch nicht etwa sagen, daß wir die Erde und ihre Schätze ausbeuten sollen, sondern daß wir sie, so wie sie uns gegeben wurden, sinnvoll nutzen und die Erde unseren Nachkommen besser und schöner hinterlassen sollen. Den Teil der Schöpfung jedoch, der uns am »nächsten« liegt, sollten wir in besonderem Maße in Besitz nehmen und pflegen, nämlich uns selbst. Uns stellt nicht das Leben als solches vor Probleme und Schwierigkeiten, sondern unsere Unwissenheit, die Unbewußtheit, in der wir leben. Sobald wir aber lernen, unsere Fähigkeiten gezielt einzusetzen und die gewaltigen Kräfte in uns zur Entfaltung zu bringen, werden wir erkennen, was es heißt, schöpferisch zu sein.

Natürlich genügt es nicht, dies alles nur zu wissen und beifällig mit dem Kopf zu nicken. Erst wenn Sie Ihr neu erworbenes Wissen in die Tat umsetzen, wird es Ihnen zum Segen gereichen.

Dieses Buch ist für die Praxis geschrieben. Sie werden seinen wahren Wert daher kaum erfahren, wenn Sie es nur lesen und vernünftig abwägend bewerten. Erst die Anwendung der von mir angebotenen Verhaltensregeln in Ihrem Alltag wird Ihnen zeigen, in welch unglaublichem Ausmaß Sie Ihr Schicksal mit Ihrem Denken, Wollen und Tun beeinflussen und selbst gestalten können.

Doch wenn Sie in Ihrem Leben Erfolg haben möchten, müssen Sie zunächst Ihre Denkgewohnheiten und Verhaltensweisen überprüfen. Wenn Ihnen bisher der von Ihnen gewünschte Erfolg nicht zuteil wurde, müssen Sie zunächst erkennen, daß Sie selbst sich von Grund auf ändern müssen, damit Ihr Leben sich von Grund auf ändern kann.

Wer bestimmte Wirkungen erzielen will, muß erst entsprechende Ursachen setzen. Erst wenn Sie bereit sind, die lebensbejahenden Kräfte in sich zur Entfaltung zu bringen, können Sie die Umstände Ihres Lebens wirklich selbst bestimmen. Diese unerläßliche Veränderung Ihrer inneren Einstellung mag Ihnen zunächst große Mühe bereiten und beschwerlich erscheinen, aber sie ist notwendig. Seien Sie sich darüber im klaren, daß Sie dieses Buch nicht einfach als Unbeteiligter lesen dürfen. Wenn Sie in Ihrem Leben den lebensbejahenden und schöpferischen Kräften die Oberhand verschaffen wollen, so verlangt das Ihren ganzen Einsatz; nur so erzielen Sie optimale Resultate.

Alles, was Sie für ein erfolgreiches Leben brauchen, tragen Sie schon immer in sich. Die Wissenschaft hat nachgewiesen, daß der Mensch nur einen Bruchteil seiner geistig-seelischen Möglichkeiten voll ausschöpft. Es gibt jedoch keinen Grund, weshalb das immer so bleiben muß. Das Mentaltraining hilft Ihnen, die in Ihnen schlummernden Fähigkeiten zu wecken und zu nutzen. Die Methoden des Mentaltrainings setzen nichts voraus außer dem innigen Wunsch und dem festen Willen, das eigene Schicksal selbst zu gestalten und erfolgreich und glücklich zu sein.

Auf Ihrem Weg zum Erfolg ist das Leben *immer* auf Ihrer Seite. Die rechten Dinge werden für Sie in Zukunft immer zur rechten Zeit geschehen, wenn Sie die in diesem Buch dargelegten Verhaltensregeln beherzigen. Doch verantwortlich für Ihren Erfolg sind nur Sie selbst! Die Grundgesetze des Lebens arbeiten für Sie, wenn *Sie* es zulassen; denn eines dieser Gesetze besagt, daß wir unser Weltbild selbst bestimmen.

Unsere Fähigkeit, zu wollen, zu glauben und den Erfolg zu erwarten und anzunehmen, eröffnet uns unbegrenzte Möglichkeiten. Schon in der Bibel heißt es: »Alles, worum ihr betet und bittet, glaubet nur, daß ihr es bereits empfangen habt, und es wird euch zuteil werden.« Sie werden in der Tat überwältigt sein, wenn Sie erst einmal feststellen, wie die Kraft des Glaubens Sie zu Ihren höchsten Zielen trägt. Dabei ist

es eine uralte Weisheit, daß der Glaube »Berge versetzen« kann. Aber nur wenn wir diese Wahrheit innerlich annehmen, können wir uns selbst helfen.

Ich habe dem vorliegenden Buch an verschiedenen
Stellen Übungen eingefügt, anhand derer Sie das Ge-
lesene und Gelernte sofort praktisch anwenden können. Gelegentlich werden Sie auch auf interessante
Experimente stoßen; in der Hauptsache habe ich jedoch solche Übungen gewählt, die Sie unmittelbar zur
Erreichung Ihrer persönlichen Ziele und Wünsche
einsetzen können.

Ich hoffe, Sie werden die Gelegenheit nutzen und
bereits während der Lektüre dieses Buches beginnen,
sich eine neue – positive – Lebenseinstellung anzueig-
nen. Aus diesem Grund werden Sie das Buch von Zeit
zu Zeit aus der Hand legen müssen, damit Sie sich
vollkommen auf die jeweilige Übung konzentrieren
können. Wenn Sie jedoch dem »roten Faden« der
Übungen folgen, so können Sie sicher sein, daß Sie bereits nach Beendigung der Lektüre dieses Buches Ihr
Schicksal in Ihre eigenen Hände nehmen und auf den
Weg des Erfolges gelangen werden.

Bewußte Lebensgestaltung – der Schlüssel zum Erfolg

Am Anfang wird Ihnen die diesem Buch zugrunde liegende Denkweise vielleicht ungewohnt sein, doch wie
so häufig bringt auch hier erst die Ausdauer den Ge-
winn. Das Erfolgsdenken muß Ihnen zunächst zu
einer Selbstverständlichkeit werden.

Worte wie »Schicksalsschlag« oder »Pech« sollten
Sie ab heute aus Ihrem Wortschatz streichen. Denn
wenn Sie erst einmal erkannt haben, daß alle persön-

lichen Probleme von falschen Denkgewohnheiten herrühren, werden Sie auch begreifen, daß Sie den Schlüssel zur Lösung Ihrer Probleme in sich selbst tragen. Sie selbst »sind« der Schlüssel zu Ihrem Lebenserfolg! Warten Sie daher nicht auf sogenannte »günstige Gelegenheiten« oder auf fremde Hilfe, denn alles Hoffen und Warten dient nur dem Zweck, die Verantwortung von uns zu schieben. Alle Möglichkeiten sind *jetzt* vorhanden; Sie brauchen nur noch zuzugreifen.

Wir alle setzen in jeder Minute unseres Lebens Ursachen, die als Glück oder Leid, als Krankheit oder Wohlbefinden, mit einem Wort als Schicksal in Erscheinung treten. Meist tun wir das unbewußt. Da jedoch die Qualität unserer Gedanken und unserer diesen entsprechenden Gefühle über unser »Schicksal« entscheidet, müssen wir zunächst lernen, Gedanken und Gefühle zu kontrollieren – und unser Leben bewußt zu gestalten.

Ständig handeln wir nach erlernten Programmen und lassen leichtfertig schlechte Angewohnheiten und Vorurteile unser Leben bestimmen. Da unser Verhalten jedoch von unseren inneren Wertmaßstäben und der von uns jeweils erreichten Erkenntnisstufe bestimmt wird, müssen wir zuallererst lernen, bewußter zu leben, zu denken und zu fühlen. Erst wenn wir unser Leben in jeder Sekunde bewußt bestimmen und gestalten, können wir von uns sagen, daß wir frei sind.

Wir müssen deshalb lernen, Ärger, Haß, Neid, Schuldgefühle, kurz: alles Negative und Destruktive in unserem Geistes- und Gefühlsleben schon in seiner Entstehung zu erkennen und aufzulösen; denn negative Gefühle und Empfindungen sind die Schranken, die uns vom Erfolg trennen. Erst wenn wir unser Le-

ben als große Aufgabe sehen und auf Schicksals-
schläge nicht mehr nur mit negativen Gefühlen antworten, sondern mit beherztem, zuversichtlichem
Handeln, haben wir einen Schritt in die geistige Freiheit getan.

In diesem Buch möchte ich Ihnen daher zeigen, wie
Sie wirksam Ursachen setzen und Ihr Leben nach
Ihren eigenen Vorstellungen und Wünschen gestalten
können, wie Sie Ihre Probleme erkennen und auflösen und schließlich wie Sie Ihre Wünsche verwirklichen können. Außerdem möchte ich Ihnen erklären,
wie Sie Krankheiten, unter denen Sie leiden, heilen
und Ihre Gesundheit stabilisieren und wie Sie Glück
und Wohlstand erlangen können.

Wohlstand ist jedoch viel mehr als nur genügend
Geld, um sich alle Wünsche erfüllen zu können; denn
die wichtigsten Dinge im Leben kann man ohnehin
nicht kaufen. Wohlstand bedeutet, daß alles in unserem Leben »wohl steht«: daß wir den richtigen Partner und die richtigen Freunde haben, daß uns der Beruf Freude macht und daß wir an dem für uns richtigen Ort wohnen, daß wir uns über das von uns Erreichte freuen können und ständig bemüht sind, dem
Leben unseren Dank abzustatten, indem wir anderen
Menschen nach Kräften helfen und der Gemeinschaft
dienen. Diese Fülle des Lebens – das ist wahrer Wohlstand.

Eine wesentliche Voraussetzung des Erfolges ist,
daß wir uns seiner für wert befinden. Jeder Mensch
ist zu dem Zweck geboren, erfolgreich und glücklich
zu sein. Es gibt keine geborenen »Pechvögel« oder
»Glückspilze«. Der Reichtum dieses Lebens steht jedem Menschen zur Verfügung, ja mehr noch: er bietet
sich uns geradezu an! Wenn Sie erst einmal zu dieser
Einsicht gelangt sind, so werden Sie auch erkennen,

daß das Leben Ihnen in jeder Sekunde Hunderte von Möglichkeiten bietet, erfolgreich zu sein oder zu werden.

Wenn Sie sich innerlich öffnen, dann werden Sie sich ständig Ihrer inneren Kraft bewußt sein, und je mehr Sie sich dieser Kraft bedienen, um so häufiger werden jene unglaublichen »Zufälle« eintreten, die Sie sonst nicht für möglich gehalten hätten.

Für manche Menschen ist die Frage wichtig, ob die vorstehend getroffenen Feststellungen denn wissenschaftlich untermauert seien. Auch die Naturgesetze waren zunächst unbewiesen, aber die Wahrheit besteht nicht erst dadurch, daß sie als bewiesen gilt; Wahrheit ist, oder sie ist nicht! Die Wirklichkeit geht wissenschaftlicher Erkenntnis immer vorher! Auch vor der Entdeckung des Gesetzes der Schwerkraft durch ISAAC NEWTON schwebte Dingliches nicht frei in der Luft.

Über die Existenz der hier beschriebenen geistigen Gesetze zu streiten, ist daher überflüssig, denn Sie erleben deren Wirken Tag für Tag, wenn auch meist unbewußt.

Ein kluger Mann hat einmal gesagt, ein unvorstellbares Chaos würde herrschen, wenn die Naturgesetze erst in dem Augenblick wirksam würden, da sie vom menschlichen Geist entdeckt werden.

Bestimmte Gesetzmäßigkeiten wirken nicht nur ohne unser Wissen, grundsätzlich sind alle Bereiche unseres Lebens Gesetzmäßigkeiten unterworfen. Das ganze Universum ist einer Ordnung unterstellt, die immer und überall wirkt. Nicht umsonst übersetzen wir das altgriechische Wort »Kosmos« im Deutschen mit »Ordnung«, »Weltordnung«. Der Begriff »Kosmos« sagt aus, daß sich alles Leben innerhalb einer bestimmten Ordnung bewegt, ohne die es gar nicht möglich wäre. Alles in dieser Welt hat einen Sinn und eine Aufgabe.

Unsere Lebensaufgabe als Menschen ist die Fortentwicklung, Erfahrung und Nutzung der uns gegebenen Fähigkeiten. Diese Fortentwicklung unserer Kräfte und Fähigkeiten beruht jedoch auf der Bereitschaft, während unseres gesamten Lebens immer wieder hinzuzulernen. Erst wenn wir uns der Tatsache voll bewußt sind, daß »leben« vor allem »lernen« heißt, werden wir dieser Aufgabe gerecht.

Falls Sie in der Vergangenheit dieser Aufgabe nicht gerecht geworden sind, so fangen Sie gleich jetzt ein neues Leben an. Wir können zwar aus der Vergangenheit lernen und für die Zukunft planen, das Leben findet jedoch immer jetzt, gerade *jetzt* statt, und in jedem Augenblick müssen wir die Weichen für die Zukunft stellen.

Wir ordnen täglich unser Haar, obwohl es uns doch »nur« durch dieses Leben begleitet, oft nicht einmal das. Unser Schicksal aber geleitet uns nicht nur durch dieses Leben, sondern über dieses hinaus. Also sollten wir doch auch täglich all das, was unser Schicksal gestaltet, richtig anlegen und ordnen. Statt dessen sorgen wir uns um vergängliche, zumeist unwichtige Belange und übersehen dabei die Wirklichkeit. Die meisten Menschen haben Angst, etwas zu versäumen, und merken gar nicht, daß sie gerade auf diese Weise das Wichtigste versäumen – sich selbst.

Die Schöpfung ist noch nicht vollendet. Schöpfung vollzieht sich unaufhörlich, denn jeder unserer Gedanken ist eine Schöpfung. Wir alle sind aufgerufen, Mitschöpfer zu sein. Mit unserem Denken geben wir der schöpferischen Energie die Form, die dann als Zustand oder Ereignis in unserem Leben zur Geltung kommt.

Lernen Sie aus Ihren Fehlern

Ärgern Sie sich nicht über die Fehler der Vergangenheit und grübeln Sie nicht darüber, was alles hätte sein können. Sorgen Sie lieber dafür, daß jetzt das Richtige geschieht! Legen Sie jetzt den Samen für die Früchte, die Sie morgen ernten wollen. Denn mit unserem Leben verhält es sich wie mit einem Garten: Jeder Gedanke und jedes Gefühl sind ein Samenkorn, das wir in den Boden legen. Ein Samenkorn wird wachsen und Früchte tragen. Wie diese Früchte aussehen, hängt allerdings davon ab, was wir gesät haben. Was Sie aussäen, bestimmen jedoch nur Sie selbst, jetzt, in diesem und in jedem anderen Augenblick! Was nützt es Ihnen da, über die Fehler der Vergangenheit nachzugrübeln. Ändern können Sie Vergangenes ohnehin nicht mehr. Aber Sie können und sollen aus vergangenen Fehlern lernen.

Leben heißt lernen! Sie müssen deshalb erkennen, daß ein Problem, das sich Ihnen stellt, eine Aufgabe ist, die Sie lösen sollen. Im Laufe der Zeit werden Sie dann begreifen, daß jede Prüfung in Ihrem Leben Sie ein Stück weitergebracht hat. Die Schwierigkeiten, mit denen Sie konfrontiert werden, dienen nur Ihrer Entwicklung, und Sie können sicher sein, daß jedes Problem eine Lösung hat, ja daß in jedem Problem die Aufforderung steckt, eine bestimmte, optimale Lösung zu finden. Sie können sicher sein, daß Sie nur mit solchen Aufgaben konfrontiert werden, die Sie auch lösen können. Den Schlüssel zur Lösung all Ihrer Probleme tragen Sie jederzeit in sich.

Schauen Sie sich doch nur einmal um in Ihrem Leben, und Sie werden sehen, daß Ihre äußeren Lebensumstände genau Ihrem inneren Wesen entsprechen. Ihre Gefühle, Neigungen und Abneigungen, Ihre Vor-

urteile, Meinungen und Ihre Überzeugungen kommen
in all Ihren Lebensverhältnissen zum Ausdruck. Unsere Lebensumstände entspringen nicht dem Zufall;
durch unser Verhalten gestalten wir sie selbst. Ihr
Denken und Fühlen und Ihr Verhalten bestimmen die
Qualität Ihres Lebens. Der Erfolgreiche ist auch in
seinem Denken des Erfolges sicher; er konzentriert
sich nicht auf seine Mängel, sondern auf das erwünschte Ziel, er denkt in Lösungen. Umgekehrt
steht sich der Erfolglose mit seinen Befürchtungen
und Beschränkungen selbst im Wege.

Säet, und ihr werdet ernten

Zunächst existiert nur das Gesetz, das Leben, der
Rohstoff sozusagen. Die geistige Urkraft des Lebens
hat keinen eigenen Willen, keinen eigenen Antrieb.
Sie steht »nur« zur Verfügung. Erst durch unseren
Willen, durch unsere Wünsche, Ziele und Ideen, das
heißt letztlich kraft unseres Denkens, erhält die geistige Urkraft des Lebens eine Richtung, ein Ziel, in
dem sie sich offenbaren und zum Ausdruck bringen
kann. Mutterboden allein erzeugt noch keine Ernte,
erst der bewußt gelegte Same bringt das gewünschte
Ergebnis. Wir sind daher aufgerufen, bewußt mitzuar-
beiten an der Verschönerung des »Gartens« des Lebens, klare Vorstellungen von unseren Wünschen zu
entwickeln und diese in die Realität umzusetzen.

Viele Menschen geben sich tagaus tagein Mühe,
ihren Garten harmonisch so zu gestalten, daß Blumen
und Nutzpflanzen gut zueinander passen und sich
nicht gegenseitig behindern. Doch bei der Gestaltung
unseres Schicksals geben wir uns im allgemeinen
nicht soviel Mühe, und folglich wachsen in den mei-

sten »Lebensgärten« alle Blumen und Pflanzen wild durcheinander: Rosen neben Unkraut, und manche Pflanzen verkümmern gar, weil sie keine Nahrung und Zuwendung erhalten, andere wiederum überwuchern den ganzen Garten.

Das Vorgehen beim Bepflanzen unseres Gartens zeigt, wie der Mensch lenkend eingreifen kann: Nelken wachsen aus Nelkensamen, und wenn Sie sich an Nelken erfreuen möchten, müssen Sie Nelkensamen säen. Jedes Kind versteht diesen Zusammenhang, und doch sehen nur die wenigsten Menschen, daß dieselbe Gesetzmäßigkeit auch für die Lebensgestaltung insgesamt gilt. Wer etwas Bestimmtes erreichen möchte, muß nur den entsprechenden Samen säen. Wenn er dies getan hat, so ist das Ergebnis nicht nur wahrscheinlich, sondern es stellt sich geradezu zwangsläufig ein. Denn niemals wird aus Nelkensamen eine Rose hervorgehen, dessen können Sie ganz sicher sein. Die Natur arbeitet nach einem festumrissenen Plan, und Sie können sich die zugrunde liegenden Gesetze jederzeit zunutze machen!

Das Leben offenbart sich durch eine Vielzahl zusammenwirkender Kräfte. Diese Kräfte entspringen jedoch einer einzigen Quelle, die von den einen Menschen »Schicksal« genannt wird, von den anderen »das Leben« oder einfach »Gott«.

Wie wir diese Kräfte in ihrer Gesamtheit nennen, ist jedoch ziemlich gleichgültig. Es kommt nur darauf an zu erkennen, daß sich diese Kraft durch uns ausdrücken will, ja sogar daß sie sich bereits durch uns ausdrückt, obwohl die meisten von uns sie noch nicht bewußt zu nutzen wissen. Doch dieses Wissen ist erlernbar, und dieses Buch will Ihnen zeigen, welchen Gesetzmäßigkeiten diese Kraft untersteht und wie Sie sie für sich nutzen können.

Es ist eines der Wunder der Natur, daß sich aus einem Stück Kohle im Laufe der Zeit ein Diamant entwickeln kann. Damit es jedoch dahin kommt, sind besondere Bedingungen erforderlich: Geduld und Abwarten allein genügen nicht, und nicht aus jedem Stück Kohle wird automatisch ein Diamant. Doch in jedem Stück Kohle steckt die *Möglichkeit*, unter günstigen Umständen ein edler Stein zu werden. Unser aller Aufgabe ist es, diese Umstände zu erkennen, den »Rohstoff« unseres Lebens zu verfeinern und zu veredeln und mit Hilfe unserer Geistesgaben aus der »Kohle«, die wir im Leben vorfinden, »Diamanten« zu machen. Die für diesen Veredelungsprozeß notwendigen Hilfsmittel finden Sie in diesem Buch, die Arbeit selbst kann Ihnen jedoch niemand abnehmen, und der beste Zeitpunkt, Ihr Vorhaben zu beginnen, ist *jetzt.*

Grundsätzliches über die Praxis des Mentaltrainings

Vielleicht haben Sie sich in der Vergangenheit bereits mit bestimmten Methoden der Lebensgestaltung wie dem positiven Denken, dem autogenen Training und vergleichbaren Techniken beschäftigt. Alle diese geistigen Wege sind Ausdruck der *einen* Wahrheit und stützen sich auf die immer und überall gültigen geistigen Gesetze. Aber jedes dieser Systeme enthält auch sozusagen ein »Goldkörnchen«, eine ganz besondere Technik der Persönlichkeitsentwicklung, die besonders wirksam und hilfreich ist.

Ich habe die »Goldkörnchen« der verschiedenen Systeme gesammelt und zum Mentaltraining zusammengefaßt. Wie dieses Geistestraining in der Praxis ausgeführt wird, möchte ich Ihnen nun im folgenden schildern.

Eine durchschnittliche Mentaltrainingssitzung dauert in der ersten Übungsphase etwa dreißig Minuten. Da bei regelmäßiger Anwendung des Mentaltrainings Ihre Fähigkeit, sich zu konzentrieren und zu entspannen, rasch anwachsen wird, können Sie die gesamte Übungsfolge jedoch schon nach relativ kurzer Zeit wesentlich rascher durchlaufen. In dieser zweiten Phase genügt bereits eine tägliche Übungszeit von zirka fünfzehn Minuten. Sie können die einzelnen Sitzungen aber bei Bedarf auch länger ausdehnen.

Ich werde Ihnen nun nachfolgend in geraffter Form die zwölf Übungsschritte darstellen, die Sie während Ihrer täglichen Sitzung in der angegebenen Reihenfolge durchlaufen sollten. Ausführliche Erläuterungen über Ausführung und Zweck der einzelnen Übungsschritte finden Sie im weiteren Verlauf des Buches.

1. Schritt: Sie verschaffen sich Klarheit über Ihr Ziel oder Ihren wichtigsten Wunsch.
Welches Ziel möchten Sie unbedingt erreichen? Räumen Sie im Geiste alle Vorstellungen und Bestrebungen beiseite, die mit Ihrem erklärten Ziel kollidieren. Konzentrieren Sie sich nur auf dieses eine Ziel! Vergewissern Sie sich, daß die Erfüllung Ihres Wunsches niemandem zum Schaden gereicht.

Nachdem Ihr Ziel im Geiste feststeht, müssen Sie Ihren Wunsch in eine feste geistige »Form« bringen. Sie müssen also

○ Ihren Wunsch in eine verbindliche Wunschformel kleiden;

○ in Ihrem Geiste ein photographisch klares Vorstellungsbild des von Ihnen angestrebten Zustandes entwickeln;

O im Geiste bereits in aller Intensität das Gefühl der Freude vorwegnehmen, das Sie erfüllen wird, wenn Sie Ihr Ziel erreicht haben.

2. Schritt: Sie legen Ort und Zeit Ihrer täglichen Übung fest.
Überlegen Sie sich nun, wo und wann Sie Ihre tägliche Übung am sinnvollsten durchführen können. Stellen Sie auch sicher, daß Sie während Ihrer täglichen Sitzung ungestört sind.

3. Schritt: Sie nehmen die richtige Körperhaltung ein.
Praktizieren Sie das Mentaltraining möglichst im Pharaonensitz. Es sind jedoch auch andere Sitzpositionen gestattet.

4. Schritt: Entspannen Sie sich körperlich und geistig.
Wenn Sie die richtige Sitzhaltung eingenommen haben, sollten Sie sich völlig entspannen und Ihre gesamte Aufmerksamkeit nur noch auf Ihr Ziel richten.

5. Schritt: Schalten Sie ab und vergegenwärtigen Sie sich Ihren Wunsch.
Lösen Sie sich nun von allen Gedanken und Gefühlen, die nicht im Zusammenhang mit Ihrem Wunsch stehen, und konzentrieren Sie sich völlig auf Ihr Vorhaben.

6. Schritt: Achten Sie auf die richtige Atemtechnik.
Sie bedienen sich der rhythmischen Tiefatmung, wobei Sie kosmische Energie (Prana) aus der Luft aufnehmen und in Ihrem Körper speichern. Die Schritte 4, 5 und 6 sind nur aus Gründen der Darstellung einzeln aufgeführt, in Wirklichkeit umfassen sie einen Vorgang.

7. Schritt: Begeben Sie sich in den »schöpferischen Bewußtseinszustand«.

Den »schöpferischen Bewußtseinszustand« erreichen Sie im Zustand tiefer Entspannung und herabgesetzter Bewußtheit. Dieser Zustand ist durch eine herabgesetzte Hirnstromfrequenz gekennzeichnet.

8. Schritt: Suchen Sie den »Ort der inneren Wandlung« auf.

Auch die Schritte 7 und 8 bezeichnen eigentlich einen einheitlichen Vorgang. Sie versetzen sich an den »Ort der inneren Wandlung«, den Sie nur im Zustand tiefer Entspannung und herabgesetzter Bewußtheit erreichen können. In diesem Zustand vergegenwärtigen Sie sich bestimmte Vorstellungsbilder (Wiese, Berg), die der Veranschaulichung innerseelischer Wandlungsvorgänge dienen.

9. Schritt: Laden Sie Ihr Vorstellungsbild mit Vitalkraft und mit einem Gefühl der Freude auf.

Sie rufen sich Ihre in Wort und Bild fixierte Wunscherfüllung in das Bewußtsein, Sie vergegenwärtigen sich die vorher zurechtgelegte Formel Ihres Anliegens und das Bild Ihrer Wunschvorstellung. Diese laden Sie mit der Vitalkraft kosmischer Energie (Prana) auf. Zugleich wecken Sie in sich ein Gefühl der Freude darüber, daß Ihr Wunsch – in Ihrem Geist – bereits in Erfüllung gegangen ist.

10. Schritt: Identifizieren Sie sich vollständig mit dem Inhalt Ihres Wunschbildes.

Wenn Sie Ihre Wunschvorstellung in Wort und Bild fest Ihrem Bewußtsein eingeprägt haben, müssen Sie deren Inhalt schließlich noch aus Ihrem tiefsten Wesen heraus bejahen. Halten Sie in aller Deutlichkeit vor Augen und fühlen Sie, daß alles, was Sie als Tatsache geistig vorweggenommen haben, sich auch verwirklicht.

11. Schritt: Wiederholen Sie Ihren Wunsch immer wieder.

Durch ständige Wiederholung der Formel Ihres Anliegens und ständige Vergegenwärtigung Ihrer bildhaften Vorstellung – Sie sehen sich am Ziel – prägen Sie Ihre Wunschvorstellung auch Ihrem Unterbewußtsein ein. Damit haben Sie die Grundlage für die Erfüllung Ihres Wunsches gelegt. Jetzt müssen Sie nur noch unbeirrbar an die Erfüllung Ihres größten Wunsches glauben. Leben Sie in dieser Erwartung!

12. Schritt: Stehen Sie der Erfüllung Ihres Wunsches nicht im Weg und handeln Sie.

Natürlich ist klar, daß Sie Ihr Ziel nicht erreichen können, wenn Sie untätig bleiben. Handeln Sie! Ihr Unterbewußtsein leitet Sie. Und zweifeln Sie keinen Augenblick an der Verwirklichung Ihres Wunsches.

Dies sind in Kürze die grundlegenden Schritte des Mentaltrainings, die, wie gesagt, in den folgenden Kapiteln dieses Buches näher erläutert werden.

Bevor Sie sich jedoch der Praxis zuwenden, sollten Sie sich zunächst Klarheit darüber verschaffen, welches Ziel – vielleicht zunächst ein Nahziel und dann das Fernziel – Sie mit Hilfe des Mentaltrainings erreichen wollen. Sie müssen sich also auf einen konkreten Wunsch festlegen, an dessen Verwirklichung Sie arbeiten wollen.

Bevor ich Sie mit der Praxis des Mentaltrainings näher bekannt mache, möchte ich Ihnen nun im folgenden schildern, welche psychologischen Gesetzmäßigkeiten Sie berücksichtigen müssen, damit die von mir entwickelten Techniken der Lebensgestaltung Ihnen zum Besten gereichen.

Kapitel 2

Die psychologischen Voraussetzungen erfolgreichen Handelns

Befreien Sie sich von Schuldgefühlen

Unbezahlte Schulden sind ein Hindernis auf dem Weg nach oben, denn Schulden signalisieren Disharmonie, und Disharmonie ist unvereinbar mit innerer Ausgewogenheit. Sie müssen daher Ihre »Schulden« bezahlen, bevor Sie auf Ihrem Weg voranschreiten können: die materiellen ebenso wie auch die geistigen oder seelischen Schulden. Erst wenn Sie die Vergangenheit wirklich hinter sich gelassen haben, sind Sie frei und können sich weiterentwickeln.

Keine Bank gibt jemandem einen neuen Kredit, der vertragswidrig seine alten Schulden noch nicht bezahlt hat. Das mag für den Betroffenen hart erscheinen, hat aber sein Gutes: Solange wir noch nicht aus unseren alten Fehlern gelernt haben, wäre es geradezu töricht, wenn wir uns schon wieder in neue Abenteuer stürzen, denen wir seelisch noch gar nicht gewachsen sind.

Bedenken Sie jedoch, daß es verschiedene Arten von Schulden gibt, die auf eine jeweils angemessene Art und Weise behandelt und bezahlt werden müssen.

Zunächst wollen wir uns nun einer Form von »Schuld« zuwenden, die nicht einmal auf wirklicher Schuld zu beruhen braucht: den Schuldgefühlen.

Wer Schuldgefühle hat, muß zunächst einmal erkennen, daß es im Grunde genommen keine wirkliche Schuld gibt. Wir machen zwar Fehler, doch diese resultieren aus einem Mangel an Können, Verstehen oder Wollen. Unter Schuldgefühlen kann nur ein Mensch leiden, der das Gefühl hat, etwas bewußt oder fahrlässig falsch gemacht zu haben. Solange wir jedoch ständig nach Erkenntnis und deren Umsetzung in die Wirklichkeit streben, geben wir ja in jeder Situation unser Bestes, und Schuldgefühle erübrigen sich. Wir müssen uns daher immer wieder fragen:

○ Gebe ich wirklich mein Bestes, oder hätte ich mich in dieser oder jener Situation angemessener verhalten können?

○ Lebe ich in einem Konflikt? Wenn ja, warum?

○ Warum löse ich den besagten Konflikt nicht auf? (Besser ein Ende mit Schrecken als ein Schrecken ohne Ende.)

Wir müssen zum Beispiel bereit sein, eine Partnerschaft, Freundschaft oder Ehe aufzulösen und eine nur noch als Belastung empfundene Bindung bewußt aufzugeben, wenn wir ehrlichen Herzens unser Bestes gegeben haben, dies aber nicht genügt hat. Es heißt zwar: »Was Gott zusammenfügt, soll der Mensch nicht scheiden«, aber was kann Gott dafür, wenn wir eine falsche Entscheidung getroffen haben!

Es ist also unsere Pflicht zu erkennen, was zu tun ist, und uns dann entsprechend zu verhalten. Bis Sie Ihr hohes Ziel erreicht haben, sollten Sie Ihre eigene und die Unvollkommenheit Ihrer Mitmenschen jedoch akzeptieren.

Zunächst einmal müssen Sie lernen, sich so zu nehmen, wie Sie sind. Wenn Sie sich selbst nicht lieben, können Sie auch von anderen nicht verlangen, daß diese Sie lieben. Stellen Sie doch keine höheren Forderungen an sich selbst, als Sie zu erfüllen in der Lage sind. Bleiben Sie zwar offen für Kritik und Anregungen, seien Sie sich aber immer der Tatsache bewußt, daß Sie letztlich Ihre Entscheidungen nur vor sich selbst verantworten müssen. Schließlich sind Sie wie wir alle auf dieser Erde, um zu lernen. Lernen können Sie aber in erster Linie nur aus Ihren Erfahrungen und Fehlern.

Wenn wir einen Fehler begangen haben, diesen Fehler erkennen und aus ihm lernen, so ist es geradezu unsere Pflicht vor uns selbst, uns von diesem Fehler anschließend als von etwas Vergangenem zu befreien. Machen Sie sich also ein Fehlverhalten bewußt, verzeihen Sie sich den Fehler und vergessen Sie ihn. Und lassen Sie die Vergangenheit vergangen sein.

Bedenken Sie, daß Schuldgefühle ein in Ihrem Unterbewußtsein schwelender Konflikt sind, der Ihnen wertvolle Kraft raubt. Wenn Sie einen Konflikt jedoch auflösen, steht Ihnen die vorher negativ gebundene Energie wieder voll als Lebenskraft zur Verfügung. In solchen Augenblicken hat man das Gefühl, daß einem »ein Stein vom Herzen fällt«. Man fühlt in sich neue Energie und kann sich auf Neues konzentrieren, für Neues begeistern. Aus diesem Grund ist eine innere Reinigung nicht nur notwendig und nützlich, sondern auch wohltuend. Wer erinnert sich nicht des Gefühls, das uns durchflutet, wenn der »lästige Brief« geschrieben oder der »unangenehme Besuch« endlich vorüber ist. Man hat dann das Notwendige getan, und »die Not ist gewendet«.

Für die Größe einer Schuld gibt es keinen letztgültigen objektiven Maßstab. Sie bemißt sich eher nach dem, was Sie darüber tagtäglich denken und somit Ihrem Unterbewußtsein eingeprägt haben. So können sich Schuldgefühle zu einem Schuldkomplex verdichten. Daher können Sie sich auch nicht von Schuldgefühlen befreien, wenn Sie allein verstandesmäßig die Denkgewohnheit, die Ihnen Schuld zuweist, einsehen und »äußerlich« abstellen. Sie müssen in jedem Fall Ihr Unterbewußtsein davon überzeugen, daß Sie entweder keine Schuld trifft oder daß Sie, gegenteiligenfalls, Ihr Möglichstes getan haben, um eine bestehende Schuld zu begleichen, so daß Sie künftighin von der Ihrem Unterbewußtsein eingeimpften »Notwendigkeit« selbstquälerischer Selbstbestrafung frei sind.

Die Auflösung solch tiefsitzender Blockierungen kann natürlich einige Zeit in Anspruch nehmen. Es ist wirklich nicht zu erwarten, daß eine einmalige »Sitzung«, also ein einziges Zwiegespräch mit Ihrem Unterbewußtsein, genügt, um den Konflikt zu beseitigen. Solche Zwiegespräche müssen geduldig immer wieder und mit geeigneten Techniken geführt werden.

Um einen Schuldkomplex aufzulösen, bedarf es also der liebevollen Aufmerksamkeit gegenüber dem eigenen Unterbewußtsein. Prägen Sie ihm tagtäglich positive Inhalte ein, am besten – das ist die geeignete Technik – in Form von lebensbejahenden bildhaften Vorstellungen, die auch aufbauende Gefühle, etwa der Liebe, der Freude, der Dankbarkeit, in Ihnen wecken.

Eine wesentliche Unterstützung solcher der geistigen Reinigung dienenden Imaginationstechniken bietet das konsequente »mentale Umerleben«, auf das ich in den folgenden Abschnitten näher eingehen werde. In diesem Vorgang wird die energetische Ladung eines negativen Erinnerungsbildes gelöscht und dessen verhängnisvolle Folgen abgestellt.

Korrigieren Sie im Geiste ein früheres Fehlverhalten

Wenn Sie in einer kritischen Situation bemerken, daß Sie falsch reagieren oder falsch handeln, sollten Sie natürlich sofort die Konsequenzen ziehen und Ihre Handlungsweise korrigieren. Doch auch wenn Sie erst zu einem späteren Zeitpunkt feststellen, daß Sie in einer vergangenen Situation falsch gehandelt haben, sollten Sie dieses Fehlverhalten nachträglich geistig korrigieren. Diesem Zweck dient das mentale Umerleben.

Das Unterbewußtsein speichert alles, was ihm eingegeben wird. Es macht zwischen Eindrücken aufgrund realer Erfahrungen und bloßer Vorstellung keinen Unterschied. Daher sind Techniken der Imagination zur Prägung und Umprogrammierung des Unterbewußtseins von außerordentlicher Bedeutung. Falls nun in einer bestimmten Situation etwas schiefgelaufen ist, sollten Sie sich überlegen, wie Sie wohl idealerweise hätten handeln sollen, und sich dann völlig auf diese Idealsituation konzentrieren. Stellen Sie sich die Idealsituation möglichst bildhaft und plastisch vor. Auf diese Weise speichern Sie Ihrem Unterbewußtsein das »Programm« eines idealen Reaktions- beziehungsweise Verhaltensmusters ein. Diese Programmierung des Idealzustandes sollte mit starker gefühlsmäßiger Anteilnahme vollzogen werden. Die Übereinstimmung von Denken und Fühlen ist wichtig. Widersprechende Gefühle vermögen alles zu vereiteln, was Sie Ihrem Unterbewußtsein einprägen wollen.

Wenn Sie auf diese Weise ein früheres Fehlverhalten nachträglich korrigieren, wird Ihr Unterbewußtsein, das ja sozusagen autonom reagierend Ihr

Verhalten steuert, im Laufe der Zeit jede unerwünschte durch eine erwünschte Reaktion ersetzen. Es wird für die Zukunft nur auf Situationen programmiert sein, die in der Wirklichkeit Ihrer Erfahrung oder in Ihrer Vorstellung ideal verlaufen sind. Um Ihr Unterbewußtsein besonders zu beeindrucken, sollten Sie sich immer wieder das freudige Gefühl und die Zufriedenheit vergegenwärtigen, die wir jedesmal empfinden, wenn wir richtig gehandelt haben.

Machen Sie es sich daher zur Gewohnheit, eine kurze Tagesrückschau zu halten, in der Sie alle Geschehnisse des Tages noch einmal prüfen und gegebenenfalls umerleben. Auf diese Weise werden Sie sich mehr und mehr in die Richtung Ihrer Idealvorstellung entwickeln.

Kommen Sie mit Ihren Mitmenschen ins reine

Eine Schuld gegenüber einem anderen Menschen »begleichen« Sie am besten durch ein ehrliches Gespräch, damit es in Zukunft keine Spannungen mehr zwischen Ihnen und dem anderen Menschen gibt. Wenn Sie Angst haben, dem betreffenden Menschen gegenüberzutreten, so rufen Sie ihn an oder schreiben Sie ihm einen die Situation klärenden Brief. Besser wäre es natürlich, die Angst zu überwinden und den Mut aufzubringen, Belastendes persönlich in Ordnung zu bringen.

Wenn Sie auf diese Weise Mißverständnisse im zwischenmenschlichen Bereich klären, tragen Sie damit erheblich zum Abbau Ihres karmischen »Schuldenkontos« bei.

Jedoch müssen Schulden immer in der Währung beglichen werden, in der sie entstanden sind. Handelt es sich daher um materielle Schulden, so müssen Sie sie auch in harter Münze zurückzahlen. Nur wenn der Gläubiger nicht mehr auffindbar oder vielleicht bereits tot ist, können Sie den Gegenwert einer bestehenden Schuld, einschließlich Zinsen, ausnahmsweise einmal einem unbeteiligten Dritten in Form einer Spende zukommen lassen.

Bestehen zwischen Ihnen und einem anderen Menschen hingegen geistige Spannungen, so sollten Sie ein Gespräch suchen und die Differenzen in einer klärenden Diskussion beseitigen. Sind Sie jedoch für eine Disharmonie im Gefühlsleben eines Mitmenschen verantwortlich, so müssen Sie versuchen, die daraus resultierenden Spannungen durch besonders behutsame Gefühlszuwendung aus der Welt zu schaffen.

Gelingt es Ihnen, die hier aufgezählten »Schulden« höchst unterschiedlicher Art zu »begleichen«, sind Sie der wahren Freiheit schon um einen großen Schritt nähergekommen.

Wenn Sie Ihr Bewußtsein im weiteren Sinn, also auch das Unterbewußtsein, von allen negativen – und das heißt immer auch für Sie selbst destruktiven – Gefühlen reinigen möchten, gehört dazu nicht nur die »Begleichung« Ihrer eigenen »Schulden«, sondern auch die Vergebung der Schuld Ihrer Mitmenschen. Sie werden innerlich nicht frei sein, solange Sie nachtragend sind oder Wiedergutmachungen von anderen fordern. Solche Gefühle sind Gift für Ihre Seele.

Die Reinigung des Bewußtseins bedarf also auch der bewußten Vergebung und des Wohlwollens gegenüber Ihren Mitmenschen. Sie sollten lernen, jedes Verhaftetsein an niedere Gefühle ebenso aufzugeben wie allzuhoch gesteckte Erwartungen gegenüber Ihren Mitmenschen. Wenn Gefühle dieser Art Sie bedrängen, so sollten Sie diese sofort mit Hilfe des mentalen Umerlebens neutralisieren und sich auf diese Weise von ihnen befreien.

Übung 1: Das mentale Umerleben

1. Entspannen Sie sich zunächst, so gut es geht!
   Gehen Sie jetzt im Geiste die Geschehnisse Ihres heutigen Tages noch einmal durch, vom Zeitpunkt des Aufwachens bis zum jetzigen Moment. Fragen Sie sich nun: Wann und wo habe ich etwas getan oder gesagt, das meinem inneren Wertmaßstab nicht entspricht? Habe ich das Bedürfnis nach Harmonie verletzt oder etwas Notwendiges nicht getan?
2. Durchleben Sie, wenn Sie sich einen Vorwurf dieser Art machen müssen, nun die Situation im Geiste noch einmal, diesmal jedoch in ihrem idealen Ablauf. Lassen Sie die jeweilige Situation vor Ihrem geistigen Auge noch einmal so ablaufen, wie Sie sie gerne erlebt hätten; hören Sie im Geiste die Worte, die Sie gerne gesprochen hätten. Handeln Sie in Ihrer Vorstellung so, wie Sie es von nun an immer gerne täten und wie Sie es im Grunde genommen von sich erwarten.
3. Identifizieren Sie sich dann mit dem Vorstellungsbild Ihres richtigen Verhaltens, nehmen Sie es in Ihr Innerstes auf. Laden Sie diese Vorstellung mit einem starken Gefühl der Freude und der Bejahung auf und versichern Sie sich, daß Sie nächstesmal genau so und nicht anders handeln werden.

Kapitel 3

Die Klärung der eigenen Zielsetzung

So verschaffen Sie sich Klarheit über Ihren wichtigsten Wunsch

Bevor einer Ihrer Wünsche in Erfüllung gehen kann, müssen Sie natürlich zunächst einmal wissen, was Sie überhaupt wollen. Je präziser Ihre Zielvorstellung ist, um so sicherer und vollkommener wird auch die Erfüllung sein. Daher ist es auch so wichtig, daß Sie sich ein realistisches und festumrissenes Bild Ihrer Wünsche und Ziele machen.

Der erste Schritt zur Klärung Ihrer Wünsche besteht nun darin, daß Sie sich alle Ihre Wünsche bewußtmachen.

Schreiben Sie sie einzeln auf Karteikarten auf, damit Sie die Übersicht behalten. Sondern Sie dann die weniger wichtigen Wünsche einen nach dem andern aus. Legen Sie Karte um Karte beiseite, bis zum Schluß nur noch eine Karteikarte mit dem zur Zeit für Sie wichtigsten Wunsch übrigbleibt.

Bisher war Ihre Wunschkraft noch zerstreut, doch nun soll sie sich mehr und mehr auf diesen *einen* Wunsch, auf dieses *eine* Anliegen konzentrieren. Indem Sie Ihre Energie von anderen, schwächeren und für Sie weniger wichtigen Wünschen abziehen, konzentrieren Sie nun Ihre gesamte Wunsch- und Imaginationskraft auf *ein* Ziel.

Gereicht Ihr Wunsch jemandem zum Schaden?

Wenn Sie einen Wunsch formulieren, sollten Sie ganz sicher sein, daß es Ihnen nicht nur recht angenehm wäre, wenn sich Ihr Wunsch erfüllte, sondern auch daß Sie diese Erfüllung wirklich von ganzem Herzen wünschen.

Wenn Sie nur »ein wenig« dies oder jenes halbherzig erreichen oder haben wollen, so hat Ihr Wunsch nicht genügend Kraft, Ihre Vorstellung zu verwirklichen. Sie müssen daher in sich den brennenden Wunsch verspüren, Ihr Ziel auch wirklich zu erreichen. Ihr Wunsch sollte sich immer wieder in Ihr Bewußtsein drängen, denn nur so hat er genügend »Ladung« zur Verwirklichung. Fragen Sie sich immer wieder: Will ich das wirklich? Aber auch: Sollte ich das wollen? Stellen Sie fest, soweit Ihnen das möglich ist, ob die Erfüllung Ihres Wunsches jemandem schadet oder bestehende Harmonie verletzt. Grundsätzlich dürfen Sie nur soviel für sich beanspruchen, wie Sie erlangen können, ohne damit einem Mitmenschen oder sich selbst Schaden zuzufügen. Dies ist die moralische Grundvoraussetzung, die Ihr Wunsch nicht verletzen darf.

Zum Beispiel dürfen Sie sich zwar sehr wohl wünschen, beruflich aufzusteigen und Abteilungsleiter zu werden. Das Leben wird einen Weg finden, den bisherigen Abteilungsleiter in eine bessere Position zu bringen, so daß auch er nur Vorteile von einer solchen Entwicklung hätte. Sie dürfen sich jedoch nicht wünschen, der andere möge hinausgeworfen werden, damit Sie selbst seine Stelle antreten können. Dieser Wunsch wäre nicht nur unmoralisch, sondern Sie würden auch sich selbst schaden. Verhängnisvollen Schaden ziehen wir immer dann auf uns, wenn wir aus eigennützigen Zwecken gegen die Lebensordnung verstoßen und somit negative Energien auf uns versammeln, die wir im Sinne des altindischen Begriffs des Karmas unweigerlich »abbüßen« müssen, um wieder im Einklang mit dem Leben zu stehen.

Das Mentaltraining ist ein selbstregulierendes System. Es schützt uns selbst vor Mißbrauch, da es bei offensichtlich zerstörerischen Wünschen gar nicht arbeitet (siehe dazu Kapitel 6). Im übrigen wird das Leben immer einen Weg finden, Ihnen von Ihnen selbst ausgelöste Disharmonien vor Augen zu führen und diese zu bereinigen. Bei allem, was wir tun, dürfen wir die kosmische Ordnung nicht durch unsere Eigenwilligkeit stören.

Immer wieder führen Menschen bewußt oder unbewußt Umstände herbei, die ihnen selbst oder, was nicht weniger schlimm ist, anderen schaden. Auf diese Weise stören sie jedoch die Harmonie der höheren Ordnung und setzen automatisch für sich selbst die Ursachen negativer Folgen. Der selbstsüchtige und rücksichtslose Gebrauch der Schöpferkraft ist in jedem Fall schädlich. Das heißt nicht etwa, daß wir diese Kraft nicht dazu gebrauchen sollten oder dürfen, materielle Vorteile zu erlangen. Die schöpferische Urkraft kann auch diesem Zweck dienen, wenngleich ihr weisester Gebrauch sicher darin besteht, mit ihrer Hilfe die eigene Entwicklung zu fördern und somit ein Mitglied der Menschheit von morgen zu werden.

Es gibt also einen richtigen und einen falschen Weg. Falsch ist es, sich bestimmte Vorteile auf Kosten anderer Menschen zu verschaffen. Wer nur egoistische Wünsche verwirklichen und nur haben will, ohne zu geben, muß darauf gefaßt sein, daß die Erfüllung anders aussieht, als er erwartet hat, wie dies anhand der nachstehenden Fallgeschichte deutlich wird.

Ein Beispiel eines ungerechtfertigten Wunsches

Ein junger Mann, ein kleiner Angestellter, mußte heiraten, weil ein Kind unterwegs war. Er konnte sich nur eine kleine Wohnung leisten, denn seine Frau mußte ja wegen des Kindes ihre Berufstätigkeit aufgeben, und so fehlte es noch an vielem zu dieser Zeit. So hatte die Frau beispielsweise keine Waschmaschine und mußte die ganze Babywäsche von Hand waschen. Der Traum des jungen Mannes jedoch war ein Sportwagen, der selbst als Gebrauchtwagen nicht unter zwanzigtausend Mark zu haben war.

Als er von den Möglichkeiten des Mentaltrainings hörte, wünschte er, blind für Wichtigeres, seinen alten VW loszuwerden und zwanzigtausend Mark in bar zu erhalten. Er setzte die entsprechenden Ursachen. Einige Wochen lang geschah nichts. Er aber wandte täglich beharrlich das Mentaltraining an, um sich seinen Wunsch zu erfüllen.

So verging einige Zeit, und als er eines Morgens wieder einmal mit seiner Frau Streit hatte, fuhr er verärgert und aufgebracht zur Arbeit. Wegen überhöhter Geschwindigkeit kam er ins Schleudern und von der Straße ab und fuhr frontal gegen einen Baum.

Er wurde, wunschgemäß, den alten VW infolge Totalschadens los, beinahe aber auch sein Bein: es wurde eingeklemmt, und er erlitt einen komplizierten Splitterbruch; außerdem zog er sich eine Gehirnerschütterung zu. Das Bein mußte zweimal operiert werden, und er blieb lange im Krankenhaus und war auch anschließend noch lange Zeit arbeitsunfähig.

Die Firma zahlte dem jungen Mann bis zu dessen Genesung das Gehalt weiter, da es sich um einen Arbeitsunfall handelte, denn der Unfall hatte sich auf dem Weg zur Arbeit ereignet. Doch bald schon stellte sich heraus, daß der junge Familienvater seinen Beruf nicht mehr ausüben konnte. Die Versicherung zahlte ihm daher zur Abgeltung aller Ansprüche eine einmalige Abfindung von zwanzigtausend Mark aus. Sein Wunsch hatte sich erfüllt – doch um welchen Preis!

Was lehrt uns die Geschichte dieses jungen Mannes? Die Antworten fallen in verblüffender Weise folgerichtig aus, wenn ich sie auch, bezogen auf das Leben des jungen Mannes, hier vereinfacht gebe:

○ *Er wollte das Falsche haben.*
  Eine größere Wohnung oder eine Waschmaschine wären sicherlich wichtiger gewesen!

○ *Sein Wunsch war egoistisch.*
  Er hat folglich gegen das Gesetz »Verletze niemanden!« verstoßen. Wir werden nicht nur für das, was wir tun, zur Rechenschaft gezogen, sondern auch für zu Unrecht Unterlassenes!

○ *Sein Auto war von der Straße abgekommen.*
  In der »Sprache der Lebensumstände« zeigte ihm das Schicksal, daß er den rechten Weg verfehlt hatte. Er fuhr frontal gegen einen Baum, kollidierte also mit der Natur.

○ *Sein rechtes Bein wurde eingeklemmt.*
  Dies bedeutet in der Sprache der Lebensumstände: »So geht es nicht weiter!« Oder auch: »Du nimmst einen falschen Standpunkt ein und gehst in die falsche Richtung.«

○ *Er trug eine Gehirnerschütterung davon.*
  Er bekam also einen massiven »Denkanstoß«, einen Anlaß, seine Einstellung grundlegend zu überprüfen.

○ *Er fuhr mit überhöhter Geschwindigkeit.*
  Er wollte den Sportwagen zu schnell, obwohl doch anderes viel wichtiger gewesen wäre.

○ *Dennoch wurde sein Wunsch erfüllt.*
Er hatte die Ursache gesetzt und somit eine entsprechende Wirkung hervorgerufen. Der VW war
wunschgemäß weg, und der junge Mann erhielt
zwanzigtausend Mark in bar.

Überlassen Sie Ihrem Unterbewußtsein die Wahl des für Sie Besten

Seien Sie sich immer bewußt, daß Sie in den meisten
Situationen gar nicht alle Zusammenhänge des Lebens durchschauen und erkennen können. Es ist daher ratsam, wenn Sie einen Partner, eine neue Stelle
oder eine Wohnung suchen, nicht einen bestimmten
Partner, eine bestimmte Stelle oder eine bestimmte
Wohnung ins Auge zu fassen. Besser ist es, wenn Sie
sich einfach das für Sie Richtige wünschen, das, was
im Augenblick für Sie notwendig und angemessen ist.
Lassen Sie sich von Ihrem Unterbewußtsein führen.
Es bietet Ihnen die Chance, Ihnen das Bestmögliche
zu verschaffen. Wahrscheinlich würden Sie sich aufgrund rationaler Überlegung nur das Zweitbeste wünschen, da Sie das für Sie Beste gar nicht kennen.

Ihr Wunsch, Ihre Zielvorstellung sollte zwar exakt
sein; die Verwirklichung jedoch sollten Sie nicht unnötig beschränken oder eigenwillig bestimmen wollen, weil Sie sonst die Möglichkeiten des Ihr Verhalten steuernden Unterbewußtseins begrenzen. Konzentrieren Sie sich daher immer auf den richtigen,
noch unbestimmten Partner, die richtige, noch unbe-
stimmte Wohnung oder die richtige, noch unbe-
stimmte Stellung und so fort.

Ein weiterer Vorteil einer solchermaßen offenen
Wunschformulierung ist, daß Sie auf diese Weise die

Interessen anderer Menschen nicht verletzen können und sich folglich auch nicht unerwünschte Folgen aufbürden.

Legen Sie sich Rechenschaft über Ihre wahren Wünsche ab

Ich kenne eine junge Frau von fünfundzwanzig Jahren, die in ihrer Jugend an Kinderlähmung erkrankt war und seither an zwei Krücken gehen muß. Sie versuchte daher, sich mit Hilfe einer speziellen Geistheilungstechnik und des Mentaltrainings von dieser Behinderung zu befreien, um wieder ganz gesund zu werden. Sie war in diesem Bemühen äußerst konsequent und ließ keine Übungsstunde aus, und es war deshalb nicht verwunderlich, daß sich bereits nach etwa zwei Monaten des Übens die ersten sehr erfreulichen Erfolge abzeichneten. Sie brauchte zum Gehen nur noch die eine Krücke, ja manchmal konnte sie sogar einige Schritte alleine gehen. Es war abzusehen, daß sie in einiger Zeit geheilt sein würde.

Doch eines Tages fing diese junge Frau an, sich Gedanken darüber zu machen, wie sich denn wohl ihr Leben ändern würde, wenn sie wieder ganz gesund sein würde: sie könnte beispielsweise wieder Sport treiben und mit ihren Freundinnen zum Tanzen gehen. Doch ihr wurde zugleich auch bewußt, daß sie sich ja dann auch wieder um ihre Ausbildung und anschließend um eine Arbeitsstelle bemühen müßte, da sie unter diesen Umständen ja nicht mehr von der staatlichen Rente würde leben können, die ihr bisher ein recht sorgenfreies Leben garantiert hatte.

Tief in ihrem Inneren war sie nicht bereit, diese Konsequenzen auf sich zu nehmen und wieder selbst für ihren Unterhalt zu sorgen. Schon in den folgenden Tagen verschlechterte sich ihr Zustand rapide, und von den in den vergangenen Wochen und Monaten erzielten Fortschritten blieb keine Spur übrig. Was war geschehen?

Nun, diese Frau hatte eigentlich einen ganz anderen Wunsch, als wieder gesund zu werden. Viel wichtiger war ihr nämlich, sich nicht um das tägliche Auskommen sorgen zu müssen, und so stand ihrem Heilungswunsch dieses viel stärkere Bedürfnis gegenüber. Erfüllt wurde durch das Mentaltraining jedoch der stärkere Wunsch, sobald dieser ihr bewußt wurde.

Sie sollten sich also, bevor Sie einen Wunsch ausdrücklich formulieren, vergewissern, ob Sie den Erfolg auch anzunehmen bereit sind! Überlegen Sie sich deshalb vorher, welche Konsequenzen die Erfüllung eines Wunsches haben wird und ob Sie diese auch tragen wollen.

Wer innerlich nicht bereit ist zu arbeiten, wird auch mit Hilfe des Mentaltrainings keine Arbeit finden, denn im Grunde seines Herzens will er ja viel lieber faulenzen. Wer die Menschen verachtet, dem wird auch das Mentaltraining keine neuen Freunde zuführen, denn eigentlich will er ja mit sich selbst lieber alleine bleiben. So gibt es viele Beispiele dafür, daß der feste Wille zum Erfolg eigentlich gar nicht vorhanden ist, weil andere Interessen dem Erfolg im Wege stehen.

Wenn Sie erfolgreich sein möchten, müssen *alle* Ihre geistigen Kräfte und Ihre *gesamte* Wunschkraft sich auf *ein* Anliegen konzentrieren. Das ist eine Voraussetzung für den Erfolg! Nur so können Sie mit Hilfe des Mentaltrainings Ihren Wunsch verwirklichen.

Übung 2: Die Wunschklärung

1. Schreiben Sie alle Ihre Wünsche und Ziele einzeln auf Karteikarten und breiten Sie die beschriebenen Karten vor sich auf dem Tisch aus.

2. Suchen Sie nun den unwichtigsten dieser Wünsche heraus und legen Sie die betreffende Karteikarte an einen gesonderten Platz. Sortieren Sie dann aus den verbleibenden Karten wiederum den Ihnen am wenigsten wichtig erscheinenden Wunsch aus und fahren Sie in dieser Weise fort, bis nur noch eine einzige Karte vor Ihnen liegt, auf der nun derjenige Ihrer Wünsche notiert ist, der Ihnen zur Zeit am wichtigsten und drängendsten erscheint, der daher vorrangig Ihre volle Aufmerksamkeit verdient.
Heben Sie jedoch die ausgesonderten Karteikarten gut auf. Sobald Ihr erster Wunsch erfüllt ist, werden Sie die restlichen »Wunschzettel« wiederum brauchen, damit Sie das nächste wichtige Ziel angehen können.

3. Sie haben nun eine Karteikarte vor sich, auf der Ihr augenblicklich wichtigster Wunsch verzeichnet ist. Sie haben Ihr Ziel mit eigenen Worten beschrieben, und das ist in diesem Stadium völlig ausreichend. Später werde ich Ihnen dann erklären, wie Sie sich eine optimale gedankliche Zusammenfassung Ihres Wunsches zurechtlegen und mit dieser Formel im Mentaltraining arbeiten können.

4. Lassen Sie nun bewußt alle anderen Wünsche los! Es ist wichtig, daß sich Ihre gesamte Konzentration nur auf *ein* Ziel richtet. Streichen Sie nun Ihre restlichen Ziele aus Ihrem Bewußtsein; Sie werden später auf sie zurückkommen. Ab jetzt zählt nur noch Ihr einziger, Ihr größter Wunsch!

5. Klären Sie nun anhand konkreter Fragen, ob Ihr

Wunsch alle Voraussetzungen erfüllt, die für die Verwirklichung desselben notwendig sind.

Erste Frage: Ist in Ihrem Wunsch der Gedanke enthalten, daß Sie sich das für Sie Richtige wünschen? Ändern Sie, wenn nötig, die Formulierung. Engen Sie den Wunsch nicht auf bestimmte Einzelheiten ein, sondern lassen Sie sich genügend Freiraum. Ihr Unterbewußtsein wird für Sie arbeiten, das für Sie Richtige zu finden!

Zweite Frage: Ersehnen Sie wirklich von ganzem Herzen, daß sich Ihr Wunsch erfüllt? Haben Sie alle Folgen, die die Wunscherfüllung nach sich zieht, bedacht?

Dritte Frage: Haben Sie alle anderen Wünsche, die der Erreichung Ihres Zieles im Wege stehen, aus dem Weg geräumt?

Vierte Frage: Gereicht die Erfüllung Ihres Wunsches keinem anderen Menschen zum Schaden oder Nachteil?

Fünfte Frage: Hat Ihr Wunsch in der Rangfolge des für Sie Wünschenswerten tatsächlich den absoluten Vorrang, oder gibt es nicht vielleicht etwas viel Näherliegendes, das zuerst erledigt werden sollte?

Kapitel 4

Motivation und positives Denken – die Grundpfeiler des Erfolgs

Entscheidend ist die Begeisterung

Wenn Sie ein Ziel mit Sicherheit erreichen wollen, müssen Sie sich zunächst vergewissern, daß Ihre Motivation stark genug ist, um Sie an dieses Ziel zu bringen. Eine starke Motivation ist die Voraussetzung jeglichen Erfolgs, und ohne diesen Antrieb kommt niemand vorwärts. Wenn Sie während des Backens das Feuer löschen, also die treibende Kraft ausschalten, so wird der »Teig Ihrer Wünsche« natürlich auch nicht aufgehen, und Sie werden am Ende ein halbfertiges, ungenießbares Produkt aus dem Ofen holen. Deshalb müssen Sie, wenn Sie Ihr Ziel wirklich erreichen wollen, ständig das Feuer der Begeisterung in sich erhalten.

An erfolgreichen Menschen stellt man immer wieder als entscheidende Faktoren ihrer Motivation die Freude und das Interesse an der Sache fest. Aus der Bündelung dieser Erfolgskomponenten geht die für den Erfolg unerläßliche Begeisterung hervor. Wer von dem Nutzen seiner Arbeit für sich selbst und seine Mitmenschen ganz durchdrungen ist und sich diese Tatsache immer wieder vor Augen führt, der wird auch Begeisterung empfinden. Je stärker Sie daher in sich das Bewußtsein entwickeln, daß Sie mit Ihrer Arbeit Ihre augenblickliche Aufgabe erfüllen und das tun, was das Leben jetzt von Ihnen verlangt, um so unbeirrter und freudiger werden Sie auch das für Ihren Erfolg Notwendige tun.

Wenn Sie Freude an Ihrer Arbeit haben, so werden Sie die Arbeit gar nicht als »Arbeit« empfinden, sondern als Möglichkeit Ihrer Selbstverwirklichung. Auf diese Weise bekommt jede Tätigkeit ihren Sinn und geht leicht von der Hand. Kommt noch Interesse an Ihrer Aufgabe hinzu, so können auch die größten Hindernisse Sie nicht daran hindern, Ihr Ziel voll Begeisterung anzusteuern. Welche Motivation könnte sonst die Entdecker und Erfinder vergangener Zeiten angetrieben haben, die Welt und die Naturgesetze zu erforschen, und zwar oft unter dem Spott ihrer Mitmenschen? Es waren ihr brennendes Interesse an der Sache und ihr von Begeisterung getragener freudiger Wunsch, Neues zu entdecken oder zu schaffen. Dazu kam die Vision, die sie von ihrem Ziel hatten. Wenn Sie Ihr Anliegen begeistert angehen, dann ist der Erfolg auch Ihnen sicher.

Sie müssen sich jedoch von vornherein darüber im klaren sein, daß Ihr Ziel so wichtig und dringend ist, daß alle Unannehmlichkeiten Sie an seiner unbeirrbaren Verfolgung nicht hindern können. Auch bei der Anwendung des Mentaltrainings wird Ihnen nichts in den Schoß gelegt, erarbeiten müssen Sie sich den Erfolg in jedem Fall selbst. Doch es gibt Techniken, wie Sie Ihre Motivation und Ihr Durchhaltevermögen festigen und steigern können. Beachten Sie daher die folgenden Grundsätze:

1. Ersetzen Sie negative durch positive Ansätze.
Negative Ansätze der Motivation sind leider auch heute noch ein weitverbreitetes Mittel der »Leistungs-

steigerung«. Wer kennt nicht Drohungen wie: »Wenn du nicht bald bessere Noten nach Hause bringst, bekommst du kein Taschengeld mehr!« oder Kapitulationen wie: »Wenn ich die Abiturprüfung an der Abendschule nicht schaffe, dann komme ich aus meinem Beruf nie mehr raus!« Die Auflistung negativ angesetzter Motivationen ließe sich beliebig fortführen. Doch es muß klar sein: Ein solcher Druck macht nicht nur die Arbeit unnötig schwer, sondern er gefährdet auch den Erfolg.

Kehren Sie das Prinzip doch einfach um, das heißt, konzentrieren Sie sich *nicht* auf die eventuellen Auswirkungen eines Versagens, denn eine solche Ausrichtung zieht das befürchtete Ereignis geradezu an; sie suggeriert Mißerfolg. Erwarten Sie das für Sie Gute! Vergegenwärtigen Sie sich also ständig, wie schön es sein wird, wenn Sie Ihr Ziel erreicht haben. Sehen Sie sich am Ziel. Diese Art zu denken findet folgerichtig im nächsten Punkt ihre Ergänzung.

2. Belohnen Sie sich, wenn Sie es verdient haben.
Gönnen Sie sich ruhig selbst gelegentlich eine Belohnung, wenn Sie eines Ihrer Ziele oder auch nur ein Etappenziel erreicht haben. Wählen Sie jedoch eine angemessene Belohnung, und zwar immer nur dann, wenn Sie auf Ihrem Weg einen deutlichen Fortschritt erzielt haben.

3. Setzen Sie sich Etappenziele.
Wenn Sie sich ein großes, hochgestecktes Ziel gesetzt haben, sollten Sie am besten mehrere Etappenziele festlegen. Jedes erreichte Etappenziel beweist Ihnen Ihren Erfolg und ermutigt Sie zu weiterem Fortschritt. Wenn Sie auf ein allzu fernes Ziel hinarbeiten – und sei es noch so groß –, besteht die Gefahr, daß

Sie unterwegs die Geduld und den inneren Antrieb verlieren. Sobald Sie jedoch sehen, daß Sie die einzelnen Etappen Ihres Weges meistern können, werden Sie sich ermutigt fühlen, den Rest des Weges mit um so mehr Freude zu gehen. Nichts spornt so sehr an wie der Erfolg!

4. Erwählen Sie sich einen Menschen zum Vorbild.
Wir alle lernen und arbeiten leichter, wenn wir ein Vorbild haben, dem wir nacheifern können. Daher ist auch für die Erziehung das gute Vorbild so wirksam. Suchen deshalb auch Sie sich einen Menschen, der Ihnen Vorbild sein kann, und streben Sie diesem nach. Sie können sich jedoch auch nur eine bestimmte Eigenschaft dieses anderen Menschen zum Vorbild nehmen, die Sie selbst gerne in sich verwirklichen möchten. Betrachten Sie im Geiste immer wieder Ihr Vorbild und vergleichen Sie sich mit diesem.

Die Identifikation ist ein wesentlicher Aspekt der Technik des »festen Bildes«, das wir uns von dem von uns erwünschten Endzustand machen sollen. Ein Vorbild wirkt diesbezüglich als außerordentlicher Ansporn und beflügelt uns beträchtlich in unserem Bemühen.

5. Nutzen Sie die außergewöhnlichen Möglichkeiten der Selbsthypnose.
Mit Hilfe von Selbstsuggestionen können Sie Ihrem Unterbewußtsein bestimmte Motivationen »einprogrammieren« und diese so zu einem Teil Ihrer Persönlichkeit machen. Ausführlichere Beschreibungen von Techniken der Fremd- und Selbsthypnose finden Sie in meinem Buch *Die hohe Schule der Hypnose*, das im Ariston Verlag erschienen ist.

Sie haben nun bereits die ersten wichtigen Schritte des Mentaltrainings kennengelernt und wissen inzwischen, wie Sie Ihre Wünsche konkretisieren und Ihre Motivation stärken können. Bevor Sie jedoch mit der Praxis des Mentaltrainings beginnen, sollten Sie zuvor noch die elementaren, im Mentaltraining wirksamen geistigen Gesetze kennenlernen, damit Sie sich mit diesen vertraut machen können.

Nutzen Sie die schöpferische Macht Ihres Geistes

Wenn Sie die Menschen um sich herum und vielleicht auch sich selbst einmal beobachten, werden Sie feststellen, daß es kaum jemanden gibt, der mit seinen Lebensumständen und seinen Verhältnissen ganz und gar zufrieden ist. Fast jeder Mensch macht sein Glück von Umständen oder Bedingungen abhängig, deren Eintreten er von glücklichen Zufällen erhofft. Und so warten die meisten noch heute.

Wir müssen jedoch immer wieder erkennen, daß unsere Wünsche und Zielvorstellungen so lange unerfüllt bleiben, wie wir ihre Erfüllung von der Gunst des »Schicksals« und der Leistung anderer Menschen abhängig machen. Nur ungern halten wir für die Erfüllung unserer Wünsche den einzigen Menschen für verantwortlich, der an unserem Schicksal etwas ändern kann, nämlich uns selbst.

Wir treffen täglich Hunderte von Entscheidungen, spielen bestimmte Situationen im Geiste durch, erinnern uns an Ereignisse und streichen andere aus unserem Bewußtsein. Wir sind unermüdlich schöpferisch tätig. Jeder unserer Gedanken und jede unserer Handlungen haben unzählige Auswirkungen. Ein weiser Mann hat einmal gesagt: »Wenn ich mich entscheide, auf dieser Seite des Ozeans einen Stein ins Wasser zu werfen, löse ich damit eine Bewegung aus, die irgendwann einmal in Form einer kleinen Welle am anderen Ufer ankommt!« Dieser Mann hat erkannt, daß jede, auch die geringste unserer Entscheidungen große Auswirkungen hat, und selbst dort, wo wir es am wenigsten vermuten. Wir setzen die Ursachen aller Wirkungen, die unser Leben beeinflussen, und diese haben eine gemeinsame, ursprüngliche Wurzel in unserem Denken.

Es wurde noch nie etwas vollbracht, das nicht vorher im Geiste vorweggenommen worden war. Zuerst kommt die Idee, dann die Verwirklichung. Zunächst bauen wir »Luftschlösser«, wir »spielen mit Gedanken«, dann erst versuchen wir, unsere jeweilige Vorstellung in die Wirklichkeit zu übertragen.

Bedenken Sie daher immer, daß alles Sichtbare aus dem Unsichtbaren, also aus dem, was vorher geistig vorweggenommen wurde, hervorgeht. Das Sichtbare ist in die Wirklichkeit umgesetzte geistige Realität.

Wenn es also für uns einen Weg gibt, unser Leben wirklich von Grund auf aktiv und bewußt selbst zu gestalten, so muß dieser Weg von den Ursachen unseres Seins und unserer Lebensumstände seinen Ausgang nehmen: von unserem Denken.

Jeder von uns sollte daher Herr seiner Gedanken sein, denn Gedanken, die wir nicht loswerden, werden unser Los. Wenn wir unser Denken nicht kontrollieren, so kontrolliert es uns! Viele Menschen jedoch sind sich noch nicht einmal der Möglichkeit bewußt, daß sie ihr Denken überhaupt beeinflussen können. Dieses fehlende Bewußtsein ist darauf zurückzuführen, daß die meisten Menschen sich zuwenig mit sich selbst beschäftigen. Dessenungeachtet hat jeder

Mensch die Möglichkeit, einen Gedanken, der in ihm aufsteigt, abzuweisen oder zu Ende zu denken, das heißt zu akzeptieren.

Aus einem Gedankenspiel wird nach und nach ein fertiges Bild, eine feste bildhafte Vorstellung, die auf Verwirklichung drängt. Solche Vorstellungsbilder sind unser Hauptantrieb; sie spornen uns an. Immer wieder liest man über berühmte Menschen, die ihr bildhaftes Ziel unerschütterlich vor Augen hatten, und zwar bei allem, was sie taten, bis sie es schließlich erreicht hatten.

Genauso müssen auch Sie vorgehen: Halten Sie unbeirrbar – und in möglichst plastischen Vorstellungsbildern – an Ihrem Ziel fest, und die notwendigen Schritte zur Erreichung des Ziels werden sich von allein in Ihr Bewußtsein drängen.

Die Kraft unserer Gedanken hängt ab von der Energie, die wir in sie »investieren«, und von dem Ausmaß, in dem wir ihre schöpferischen Impulse zulassen. Unser Denken beherrscht auch unser Fühlen.

Seelische Blockierungen wie Angst, Sorge, Zweifel, Minderwertigkeitsgefühle, speziell das Gefühl, den Erfolg nicht zu verdienen, behindern entscheidend die Entfaltung unseres schöpferischen Vermögens. Dem positiven Gedanken »Ich werde nun dieses und jenes tun!« steht oft der negative Gedanke »Aber was geschieht, wenn ich es nicht schaffe?« im Weg. Auf diese Weise heben sich die Kräfte unseres Denkens gegenseitig auf, und wir schleudern unsere Energie zum Fenster hinaus.

Wie jedem Erfolg ein positives Gedankenspiel und letztlich ein von positiven Gefühlen begleitetes Vorstellungsbild vorausgeht, so sind negative Vorstellungsbilder und destruktive Gefühle die Ursache für unsere Mißerfolge, Schwierigkeiten und unser Unglück. Wir arbeiten oft selbst gegen die Erfüllung unserer Wünsche, indem wir uns von negativen Vorstellungen beherrschen lassen. Wir müssen folglich, um erfolgreich zu sein, zunächst einmal alle störenden, hemmenden und zerstörerischen Erwartungen, die wir mit uns herumtragen, erkennen und dann systematisch abbauen.

Erfolgsmenschen, die wir bewundern, weil ihnen alles mühelos zu gelingen scheint, und die trotz rastlosen Tätigseins noch voller Kraft sind, halten sich nicht bei dem Gedanken auf, was alles schiefgehen könnte, sondern sie machen sich einfach beherzt und zuversichtlich ans Werk. Sie räumen negativen Gedanken und Gefühlen keine Macht über sich ein und gehen ihren Weg in der Zuversicht, daß sie erreichen, was sie sich vorgenommen haben. Natürlich sind sie auch bereit, für den Erfolg hart zu arbeiten. Nehmen Sie sich diese Einstellung zum Vorbild, und auch Sie können in Zukunft ein Erfolgsmensch sein.

Sicher kennen Sie den Grundsatz, daß alles nur noch halb so schwer ist, wenn man erst einmal begonnen hat. Warum ist dies so? Die Antwort ist ganz einfach: Wenn man intensiv arbeitet, bleibt gar keine Zeit, lange über Schwierigkeiten und mögliche Gefahren nachzudenken. Man muß sich ja auf das konzentrieren, was gerade ansteht. Es bleibt daher gar keine Zeit für negatives Denken, und die Arbeit geht einem leicht von der Hand.

Wenn alle Ihre Energie nur in die Ausführung Ihrer Arbeit fließt, wenn Sie positiv, also aufbauend denken, dann ist Ihnen die halbe Last bereits abgenommen: Ihre Angst zu versagen. Machen Sie deshalb Schluß mit negativem Denken! Wer glaubt, daß er kann, der kann!

Konzentrieren Sie Ihre Energie auf die Wunscherfüllung

Ein detailliertes und bildhaftes Vorstellungsbild von dem Zustand nach der Erreichung unseres Zieles ist Voraussetzung für das, was wir erreichen wollen. Es gibt aber noch andere Faktoren, die die Erfüllung unserer Wünsche entscheidend fördern:

1. Der Wille als Antriebskraft
Der unbedingte Wille zum Erfolg, die unerschütterliche Ausrichtung auf das einmal ins Auge gefaßte Ziel, bringt Sie der Erfüllung Ihres Wunsches entscheidend näher.

Zwar versetzt der Wille nicht »Berge« wie der Glaube, aber der Wille lädt Ihr Streben mit Kraft auf und gibt ihm Beständigkeit. Je stärker und entschiedener Ihr Wille, etwas zu erreichen, ist, um so stärker drängt er auch auf die Verwirklichung Ihrer Wunschvorstellung.

2. Die stets vorherrschende Ausrichtung
Die von Ihnen gewählte Wunschvorstellung darf nicht untergehen in der Fülle Ihres alltäglichen Denkens und Wünschens. Um zur Verwirklichung Ihrer Wunschvorstellung zu gelangen, muß Ihr Streben Ihren Geist und Ihr Gemüt bis zur Verwirklichung Ihres Wunsches beherrschen und ausfüllen. Je öfter Sie sich diese Vorstellung in Erinnerung rufen und je intensiver und deutlicher Sie diese in Ihrem Bewußtsein festhalten, um so stärker wird sie werden.

Bis Ihr Wunschbild schließlich Wirklichkeit geworden ist, muß es sich immer wieder in Ihr Bewußtsein drängen.

3. Die Lebendigkeit des Vorstellungsbildes

Die Erfahrung hat gezeigt, daß sich unserem Unterbewußtsein ein lebendiges Bild eines Wunsches leichter einprägt als ein unbewegtes, sozusagen statisches Bild. Lassen Sie Ihre Wunschvorstellung also möglichst in Form eines kleinen »Films« oder einer kurzen, einprägsamen Szene immer wieder vor Ihrem geistigen Auge ablaufen. Nehmen Sie diese Szene mit allen Ihren Sinnen wahr. Spüren Sie, wie Sie sich in Ihrem neuen Haus oder in Ihrer neuen beruflichen Position fühlen werden. Stellen Sie sich vor, wie Sie begeistert in Ihrer neuen Stellung arbeiten. Nehmen Sie vorweg, wie glücklich Sie sind! Überlassen Sie sich ganz dem Eindruck der Gegenwärtigkeit des von Ihnen angestrebten Zustandes.

4. Der unerschütterliche Glaube

Glauben Sie unerschütterlich daran, daß sich Ihr Wunsch erfüllen wird. Sie müssen fest davon überzeugt sein, daß Ihr Ziel bereits in greifbarer Nähe liegt. Sie dürfen dies nicht nur hoffen, Sie müssen es glauben! Der Glaube versetzt Berge, heißt es zu Recht in der Bibel, und nicht umsonst fragte JESUS Menschen, die ihn um Heilung ihrer körperlichen oder seelischen Gebrechen ersuchten: »Glaubst du?« Wenn er einen Kranken gesundgemacht hatte, sagte er nicht etwa: »Ich habe dich geheilt!«, sondern einerseits bescheiden, aber andererseits erklärend: »Dein Glaube hat dir geholfen.«

5. Die unbeirrbare Erwartungshaltung

Tief in Ihrem Innern müssen Sie mit absoluter Sicherheit erwarten, daß das, was geschehen soll, auch geschehen wird. Jesus fragte die Hilfesuchenden zwar: »Glaubst du?«, aber die Menschen, denen er half, glaubten nicht nur an seine große Kraft, sondern sie erwarteten auch, daß er ihnen helfen werde. Die feste Überzeugung, daß alles nach Ihrem Wunsche geschehen wird, muß zu Ihrer unbeirrbaren Erwartungshaltung werden.

6. Die freudige Zielstrebigkeit

Wenn Sie sich Ihre Wunschvorstellung vor Ihr geistiges Auge rufen, sollten Sie eine Erregung verspüren, als stünden Sie unmittelbar vor der Erreichung Ihres Zieles, als werde Ihr Wunsch innerhalb der nächsten Minuten erfüllt. Freuen Sie sich auf die Erfüllung. Ihr gesamtes Fühlen und Ihre gesammelte Aufmerksamkeit müssen von Ihrem inneren Wunschbild ausgefüllt sein! Je stärker Ihre freudige Erwartung ist, um so ausschließlicher wird sich auch Ihre Aufmerksamkeit auf Ihr Ziel richten.

7. Die empfehlenswerte Geheimhaltung

Sicher kennen Sie den Brauch, daß man still für sich einen Wunsch äußern darf, wenn man eine Sternschnuppe vom Himmel fallen sieht; es ist jedoch nicht gestattet, diesen Wunsch laut auszusprechen: man muß ihn bis zu seiner Erfüllung geheimhalten. Dieser »Zwang« zur Geheimhaltung unseres innigsten Wunsches ist nicht nur eine abergläubische Spielerei, sondern er gewährleistet, daß die Verwirklichung unseres Wunsches nicht aufgrund zweifelnder Bemerkungen unserer Mitmenschen gefährdet wird. Wenn niemand von unseren Wünschen weiß, kann uns auch niemand vorhalten, unser Vorhaben sei nicht realisierbar. Ungestört wird so Tag für Tag mehr Energie in die Wunschvorstellung fließen, und jeden Tag wird sie uns immer mächtiger zur Verwirklichung unseres Zieles drängen.

Steuern Sie Ihr Denken, und Sie meistern Ihr Schicksal

Der Mensch hat im Laufe seiner Entwicklung gelernt, vieles zu beherrschen: die Elektrizität, Maschinen und Computer, das Größte wie das Kleinste, nur nicht das, was ihm am nächsten ist – sich selbst. Doch im Leben schreitet derjenige am sichersten voran, der seine Kräfte optimal einsetzt und seine Möglichkeiten voll ausschöpft, kurz, der am besten auf die Anforderungen des Lebens vorbereitet ist. Denn mit dem Geist verhält es sich wie mit einem Fallschirm: er ist uns erst dann von Nutzen, wenn er sich entfaltet.

Gedanken haben den Drang, sich zu verwirklichen, und dieses Umstands können wir uns zu unserem eigenen Vorteil bedienen. Wir dürfen jedoch nie vergessen, daß zugleich mit der Macht über unsere Gedanken auch unsere Verantwortung für alles, was wir denken, wächst. Verfügten wir über die Gabe der Sofortverwirklichung unserer Denkinhalte und alles, was wir denken, würde sofort Wirklichkeit, so wäre schon der unachtsame, vielleicht nur beiläufige Gedanke an einen Unfall die Ursache für eine Verletzung oder gar unseren Tod. Wir können daher froh sein, daß wir die Fähigkeiten unseres Geistes zunächst systematisch entwickeln müssen, bevor sie uns voll und ganz zur Verfügung stehen. Wenn wir jedoch die ungeahnten Kräfte unseres Denkens optimal einsetzen wollen, müssen wir uns erst einmal eine andere Fähigkeit aneignen, die Gedankendisziplin. Denn ohne Gedankendisziplin sind wir außerstande, unsere Wünsche in die Tat umzusetzen und wirklich nur erwünschte Zukunft zu verursachen. Gedankendisziplin ist der Schlüssel, der uns Zutritt zu der Schatzkammer unseres Lebens verschafft.

Unsere Gedanken steuern unser Handeln. Wenn wir bestimmte Handlungen oft genug wiederholen, so werden sie uns zur Gewohnheit. Unsere Gewohnheiten wiederum prägen unseren Charakter, und unser Charakter gestaltet unser Schicksal. Letztlich sind es also Gedanken, die Situationen herbeiführen und den Lauf unseres Schicksals bestimmen. Erst wenn wir gelernt haben, mit unseren Gedanken in der richtigen Weise umzugehen, können und sollten wir bewußt die Gestaltung unseres Lebens übernehmen.

Die Wirksamkeit Ihres Denkens hängt im übrigen entscheidend davon ab, daß Sie sich den von Ihnen angestrebten Zustand in positiven Bildern vorstellen und zutiefst an die Erfüllung Ihres Wunsches glauben. Erst wenn diese beiden Bedingungen erfüllt sind, kann sich Ihr Wunschgedanke realisieren. Ist hingegen Ihre bildhafte Vorstellung des erwünschten Endzustandes zwar positiv, fehlt Ihnen jedoch der Glaube an die Erfüllung Ihres Wunsches, so werden Sie keinen Erfolg haben. Wenn Sie sich eine falsche oder unangemessene Vorstellung von dem erwünschten Zustand machen, so nützt Ihnen auch aller Glaube an die Verwirklichung Ihres Wunsches nichts, denn es wird sich unvermeidlich eine unvollkommene oder unerwünschte Vorstellung verwirklichen.

Erst wenn Sie von einem rundum positiven Bild des von Ihnen ersehnten Endzustandes und zugleich von dem erwartungsvollen Gefühl des Glaubens an seine Verwirklichung ganz erfüllt sind, wird Sie die Kraft Ihres Denkens zum Ziel tragen. Die Wirkung Ihrer Gedanken hängt direkt von Ihrem Vertrauen und der Stärke Ihres Glaubens ab.

Seien Sie daher bestrebt, immer in positiven Vorstellungsbildern zu denken, und seien Sie unbeirrbar in Ihrem Glauben an den Erfolg. Diese beiden Merk-

male sind unverwechselbare Kennzeichen eines jeden erfolgreichen Menschen.

Ihr Denken und Fühlen beeinflussen Ihr körperliches Befinden

Stellen Sie sich Ihre Gedanken und Gefühle als ma-
gnetisch oder elektrisch vor. Sie sind jedenfalls keineswegs formleere, imaginäre Gebilde. Die von ihnen
ausgehenden Impulse können von der modernen
Technik bereits auf dem Bildschirm sichtbar gemacht
werden.

Jeder Gedanke und jedes Gefühl, die in uns aufsteigen, senden magnetische und elektrische Wellen
durch den Körper und beeinflussen auf diese Weise
die Atome und Moleküle der Körperzellen. Aus diesem Grund wirkt sich auch die Qualität unseres Denkens und Fühlens unmittelbar auf unsere Körperzellen aus, und man kann mit Fug und Recht sagen,
daß unser Körper tatsächlich ein »Spiegel der Seele«
ist.

Im übrigen sind die unser Denken begleitenden Gefühle ganz bestimmten Organen »zugeordnet«. Das
Aussehen eines Menschen oder seine Krankheiten
lassen daher Schlußfolgerungen darüber zu, welche
Grundtendenzen in seinem Denken und Fühlen vor-
herrschen. Ein aggressiver Mensch hat beispielsweise
eine andere Hautfarbe, einen anderen Gesichtsausdruck und eine andere Körperhaltung, aber auch andere Krankheiten als ein passiver und schüchterner
Mensch.

Offensichtlich ist der enge Zusammenhang zwischen unserem Gefühlsleben und der Qualität unserer Gedanken; denn bestimmte, von unserem Denken

provozierte Gefühle veranlassen ganz bestimmte Organe und Drüsen des Körpers, chemische Informationsträger wie etwa Hormone in die Blutbahn zu leiten, und diese Hormone haben nun ihrerseits Rückwirkungen auf unseren Gemütszustand. Letztlich sind wir als denkende Wesen also selbst für unsere körperliche und seelische Verfassung verantwortlich.

Diese Ansicht vertritt auch der sowjetische Wissenschaftler und Arzt Professor N. Romen, der nach langjähriger Forschungsarbeit zu der Überzeugung gelangt ist, daß es zur Zeit noch kein wirksameres Heilmittel oder Heilverfahren gibt als die Autosuggestion. Seiner Ansicht nach ist keine Methode so geeignet, Gesundheit zu erhalten, aber auch wiederzugewinnen, wie der von positiven Vorstellungsbildern getragene Glaube an die Selbstheilungskräfte unseres Organismus.

Sie sehen also: Unsere Gedanken und Gefühle, über deren Qualität wir weitgehend selbst bestimmen können, beeinflussen auch ganz entscheidend unser körperliches Befinden; denn wir setzen mit jedem Gedanken, mit jedem Gefühl Ursachen, deren positive oder negative Auswirkungen und Konsequenzen wir dann später irrtümlicherweise dem Schicksal oder dem Zufall zuschreiben. Es besteht jedoch kein Zweifel: Jeder Mensch selbst ist Schöpfer, Träger und Überwinder seines Schicksals.

Sobald Sie einmal gelernt haben, die Ihnen gegebenen Kräfte bewußt und richtig einzusetzen, wird es Ihnen auch möglich sein, Ihre Lebensverhältnisse nach Ihrem inneren Vorstellungsbild zu verändern und neu zu gestalten. Das notwendige Werkzeug tragen Sie bereits in sich. Erst wenn Sie die ungeheure Macht Ihres Denkens erkannt haben, wird sich Ihnen

ganz erschließen, was PAULUS eigentlich sagen wollte,
als er seine Brüder aufrief: »Verwandelt euch durch
die Erneuerung eures Geistes!«

Ein klares »Bild« von dem Einfluß Ihrer Gedanken
und Gefühle auf Ihren körperlichen Zustand können
Sie sich mit Hilfe eines Biofeedbackgerätes verschaffen. Dieses Gerät registriert schon geringste Verände-
rungen des Muskeltonus, der Herz- und Kreislauftätigkeit und des elektrischen Hautwiderstandes. Es
zeigt also akustisch oder visuell an, ob unser Körper
sich in Alarmbereitschaft oder in einem Zustand der
Ruhe und Ausgeglichenheit befindet.

Wenn Sie sich daher an das Gerät angeschlossen
haben und sich vorstellen, daß ein Feuer in dem
Raum ausbricht, in dem Sie sich gerade aufhalten, so
wird der Zeiger ausschlagen und Ihnen anzeigen, daß
sich Ihr Körper bereits in Alarmbereitschaft versetzt
hat. Der bloße Gedanke an eine kritische Situation
verändert schon unsere körperliche Verfassung.

Stellen Sie sich hingegen eine Szene aus Ihrem
letzten Urlaub vor, als Sie wohlig entspannt am
Strand lagen und es sich gutgehen ließen, so wird
auch der Zeiger des Biofeedbackgerätes nur sehr ge-
ring ausschlagen.

Ihr Körper stellt sich sogleich auf das beruhigende
Bild in Ihrem Geist ein und reagiert deshalb entsprechend: die Herz- und Kreislauftätigkeit beruhigt sich,
der Hautwiderstand wird geringer, der Muskeltonus
geht zurück.

An diesem Beispiel wird deutlich, daß jeder unserer
Gedanken jede Zelle unseres Körpers beeinflußt und
daß unsere körperliche und seelische Verfassung entscheidend vom Inhalt unseres Denkens abhängig
sind. Deswegen ist Gedankenkontrolle tatsächlich der
Schlüssel zur Beherrschung unseres Schicksals.

Sie allein entscheiden über Ihr Leben

Sorgen Sie in Ihrem eigenen Interesse dafür, daß immer ein Wächter vor der Tür Ihres Geistes steht, der nur Gutes herein- und auch nur Gutes wieder hinausläßt. Denn nur so können Sie bewirken, daß Ihr Leben eine Wendung zum Guten nimmt.

Auch Sie haben nur dieses eine Leben, und Sie sollten seinen Verlauf nicht dem »Zufall« überlassen. Warten Sie nicht länger auf Wunder, die Ihnen in den Schoß fallen. Denn die »Wunder« warten darauf, daß Sie sie zulassen, indem Sie sie verursachen. Seien Sie sich bewußt: Heute beginnt Ihre Zukunft, heute können Sie von vorne beginnen! Heute bereits stehen Ihnen alle Möglichkeiten offen, die Sie sich immer von der Zukunft erträumt haben. Machen Sie es deshalb nicht wie die meisten Menschen, die sich erst dann entscheiden zu leben, wenn sie schon halb tot sind.

Es ist vollkommen gleichgültig, ob Sie arm oder reich sind oder wie immer Ihre Lebensumstände beschaffen sein mögen. Letztlich entscheidet die Qualität Ihrer Gedanken über den Erfolg oder Mißerfolg Ihres zukünftigen Lebens, und ob Sie positiv oder negativ denken wollen, das entscheiden Sie ganz allein.

Wenn es Ihnen an etwas mangelt, so ist das kein unabwendbares Schicksal, dem Sie sich unterwerfen müßten. Mangel beruht auf falschem Denken, das verhindert, daß das Leben sich in seiner ganzen Fülle verwirklichen kann. Auch Armut ist häufig die Folge falscher Überzeugungen. Sie kann für den Betreffenden auch ein Hinweis darauf sein, daß er arm an Mut ist. Wer jedoch mutig voranschreitet und sein Schicksal in die Hand nimmt, der wird auch auf der materiellen Ebene erfolgreich sein.

Ein wichtiger Bestandteil der Gedankendisziplin ist neben dem positiven Denken die wirksame Ausschaltung schädlicher geistiger »Programmierungen«. Solche Prägungen lösen Sie am besten auf, indem Sie sie durch aufbauende Suggestionen und Gewohnheiten ersetzen. Es wird Ihnen jedoch kaum gelingen, dem Erfolg abträgliche Denkgewohnheiten, Erwartungen und Gefühlshaltungen allein dadurch abzubauen, daß Sie sich innerlich gegen diese auflehnen. Die Unterdrückung unliebsamer Gefühle verstärkt diese nämlich häufig sogar.

Auflösen können Sie »Programmierungen«, von denen Sie sich eingeengt fühlen, nur, wenn Sie Ihre negativen Einstellungen und Erwartungen immer wieder durch positive ersetzen und sich den von Ihnen erstrebten Endzustand unablässig in den schönsten Farben vor Augen führen. Dann werden im Laufe der Zeit die Sie beengenden Zwänge des Denkens und Verhaltens von allein verschwinden, und Sie sind frei, ein Ihrem inneren Wertmaßstab gemäßes Leben zu führen.

Kapitel 5

Technische Aspekte des Mentaltrainings

Entwickeln Sie für Ihre Trainingssitzungen ein Ritual

Jede Meditation und jedes Gebet – auch Beten ist ja Meditieren – verlangen die Einhaltung bestimmter Formen. Wer meditieren möchte, muß sich zuvor sammeln, eine die innere Sammlung begünstigende Körperhaltung einnehmen und seine Atmung regulieren. Natürlich kann man eine Meditationssitzung auch frei gestalten, aber die meisten Lehrer empfehlen die Einhaltung bestimmter ritueller Formen, da der Schüler nur so den größtmöglichen Erfolg und Nutzen erzielen kann.

Auch das Mentaltraining läßt sich selbstverständlich zu jeder Zeit und an jedem Ort und auch in jeder beliebigen Körperhaltung durchführen. Doch nicht in jeder Situation kann man sich richtig entspannen beziehungsweise zutiefst konzentrieren. Niemand würde zum Beispiel versuchen, während des Fahrradfahrens in einen Zustand der Tiefenentspannung zu gelangen.

Ich möchte Ihnen daher nachstehend diejenigen Meditationsvoraussetzungen und -vorbereitungen erläutern, die sich erfahrungsgemäß in vielen Schulen als hilfreich und nützlich erwiesen haben und sich problemlos einhalten beziehungsweise durchführen lassen.

Die im folgenden dargestellten Regeln und Anleitungen, die mehr oder weniger für jede Form der Meditation oder des Geistestrainings gelten, haben sich auch hinsichtlich des Mentaltrainings bewährt. Sie sollten sie daher besonders aufmerksam studieren, da ihre Kenntnis und Einhaltung grundlegend für den Erfolg des Mentaltrainings sind. Bevor Sie also mit der Praktizierung des Mentaltrainings beginnen, sollten Sie sich Gedanken über die vier folgenden Punkte machen und dann die notwendigen Vorkehrungen treffen.

1. Praktizieren Sie das Mentaltraining möglichst täglich zur gleichen Zeit!

Es ist ratsam, das Mentaltraining jeden Tag zur gleichen Zeit zu üben. Dies hat den Vorteil, daß Ihr Unterbewußtsein sich an diesen Rhythmus gewöhnt und schon nach kurzer Zeit aktiver und bereitwilliger »mitarbeitet«, als dies sonst der Fall wäre. Wenn das Mentaltraining erst einmal einen festen Platz in Ihrem Leben einnimmt, wird Ihr Unterbewußtsein Sie regelmäßig an Ihre Trainingszeit erinnern.

Wählen Sie für Ihre tägliche Übung jedoch einen Zeitpunkt, den Sie auch tatsächlich regelmäßig einhalten können. Sie sollten während der täglichen Übungszeit völlig frei von Zeitdruck sein; denn Ihre Aufmerksamkeit soll sich ja ganz auf das Mentaltraining richten. Sorgen Sie dafür, daß Sie während Ihrer Trainingszeit von nichts und von niemandem gestört werden. Informieren Sie Ihre Angehörigen über Ihren Übungsrhythmus und schützen Sie sich, so gut es geht, vor Lärm. Wählen Sie im übrigen einen Zeitpunkt, da Sie im allgemeinen nicht zu müde sind. Es besteht sonst die Gefahr, daß Ihnen entweder die Energie fehlt, sich zu konzentrieren, oder daß Sie in der Tiefenentspannung einschlafen.

2. Wählen Sie einen geeigneten Ort!

Praktizieren Sie das Mentaltraining nur an einem Ort, wo Sie gegen Geräusche aller Art gut abgeschirmt sind und wo Sie sich wohlfühlen. Üben Sie bei gedämpftem Licht oder zünden Sie eine Kerze an. Schaffen Sie eine Atmosphäre, die beruhigend und entspannend auf Sie wirkt. Lüften Sie Ihren »Übungsraum« vor jeder Sitzung, damit Ihnen genügend Sauerstoff zur Verfügung steht. Tragen Sie locker sitzende Kleidung und lösen Sie Ihren Gürtel. Nichts sollte Sie beengen!

3. Üben Sie nicht mit »vollem Bauch«!

»Ein voller Bauch studiert nicht gern«, heißt es, und derselbe Grundsatz gilt natürlich auch für das Mentaltraining. Doch nagender Hunger ist der Konzentration genauso hinderlich. Nehmen Sie vor einer Sitzung also am besten nur eine kleine Mahlzeit zu sich.

Am wirksamsten ist das Training, wenn Sie es regelmäßig abends vor dem Einschlafen praktizieren, weil Ihr Wunschgedanke dann während des Schlafes im Unterbewußtsein »nachschwingen« kann (berücksichtigen Sie jedoch auch das unter Punkt 1 Gesagte). Abends sollten Sie ja ohnehin keine größere Mahlzeit zu sich nehmen, weil dies Ihren Schlaf unnötig belasten würde.

4. Ritualisieren Sie den Übungsablauf!

Unser Unterbewußtsein läßt sich von einer feierlichen Stimmung oder einem sich regelmäßig wiederholenden Ritual besonders stark beeindrucken. Sie sollten daher die das Mentaltraining einleitenden Handlungen in ritualisierter Form ausführen, damit Ihr Unterbewußtsein »weiß«, daß die nun folgenden Übungen etwas ganz Besonderes sind und Ihre ganze Aufmerksamkeit erfordern. Entwickeln Sie beispielsweise einen bestimmten Bewegungsablauf, den Sie ausschließlich der Einstimmung in das Mentaltraining vorbehalten.

Entscheidend ist, daß Ihre tägliche Übungszeit sich durch eine gewisse Feierlichkeit aus Ihrer üblichen Alltagsroutine heraushebt. Welche Rituale Sie zu diesem Zweck auswählen, ist ganz Ihnen überlassen. Sie können beispielsweise:

○ Während Ihrer täglichen Sitzungen immer ein bestimmtes Gewand, etwa einen Kimono, tragen.

○ Vor dem Mentaltraining regelmäßig Ihr Gesicht und Ihre Hände waschen, wie es dem sufischen Reinigungszeremoniell entspricht.

○ Sich zur Einstimmung in Demut vor der *einen* Kraft ein- oder mehrmals verbeugen.

○ Vor jeder Sitzung ein Vaterunser beten oder sich bekreuzigen.

○ Einen besonderen Teppich reservieren, auf dem Sie während des Mentaltrainings stehen, knien oder liegen.

○ Nach dem Vorbild der japanischen Teezeremonie nach einem genau festgelegten Ritual eine Schale Tee trinken.

Die geeignetste Sitzhaltung ist der Pharaonensitz

Grundsätzlich bleibt es Ihnen selbst überlassen, in welcher Körperhaltung Sie das Mentaltraining praktizieren möchten. In einem sind sich allerdings alle

Kenner geistiger Trainingsmethoden einig: daß während der Meditation und vergleichbarer geistiger Übungen die Wirbelsäule so gerade wie möglich sein sollte, damit der Fluß der feinstofflichen Energien im Körper nicht unterbrochen wird.

Die verschiedenen Positionen haben jedoch jeweils Vor- und Nachteile, die es zu beachten gilt. Die liegende Position ist für das Mentaltraining sehr gut geeignet, wenn der Übende auf einer nicht zu weichen Unterlage liegt. Im Liegen sollten Sie aber nur dann trainieren, wenn Sie sich frisch fühlen. Denn andernfalls besteht die Gefahr, daß Sie sich so tief entspannen, daß Sie während der Sitzung einschlafen, was besonders abends leicht vorkommen kann.

Eine der klassischen Haltungen der Versenkung ist der beispielsweise im Zenbuddhismus übliche Diamant- oder Fersensitz. Der Meditierende »kniet« in dieser Position auf dem Boden und läßt sein Gesäß so weit nach hinten sinken, daß es auf den Fersen aufruht. In dieser Haltung zu sitzen ist jedoch für ungeübte Europäer im allgemeinen ziemlich schmerzhaft. Wenn Sie an den Fersensitz gewöhnt sind, können Sie natürlich ohne weiteres in dieser Position trainieren.

Sollte Ihnen diese Körperstellung allerdings unangenehm sein, so empfehle ich Ihnen die aufrechte Sitzhaltung, den sogenannten Pharaonensitz. Sie gleicht der von dem Berliner Nervenarzt JOHANNES HEINRICH SCHULTZ für das autogene Training empfohlenen »Droschkenkutscher-Haltung«, nur müssen Rücken und Kopf in aufrechter Postion gehalten werden. Sie sitzen auf einem Stuhl mit senkrechter Rückenlehne. In dieser Sitzhaltung wird die Wirbelsäule gerade, aber locker gehalten, der Kopf befindet sich in aufrechter Position, die Hände ruhen locker auf den leicht gespreizten Oberschenkeln. Die Sitzhöhe des

Stuhles muß unbedingt der Länge der Unterschenkel des Übenden entsprechen, so daß sich dessen Oberschenkel in einer waagrechten, die Unterschenkel in einer senkrechten Position befinden und die Füße mit der gesamten Sohle zwanglos auf dem Boden stehen.

Wenn Sie nun den Pharaonensitz einüben, so werden Sie schon nach kurzer Zeit feststellen, daß bereits nur wenige Millimeter Abweichung von der idealen Position genügen, um Ihnen das Gefühl zu geben, daß Sie falsch sitzen. In einer zenbuddhistischen Spruchweisheit heißt es: »Nur um Haaresbreite aus dem Lot gewichen, und Himmel und Erde fallen auseinander!« Pendeln Sie deshalb so lange mit dem Oberkörper leicht vor und zurück, bis Sie Ihr Gleichgewicht gefunden haben.

Seien Sie jedoch anfangs nicht zu ehrgeizig! Auch die einfache Sitzhaltung will erlernt sein. Wichtiger als das ausdauernde Sitzen ist am Anfang das entspannte, unverkrampfte Sitzen. Machen Sie deswegen ruhig öfter einmal eine Pause und begnügen Sie sich damit, mehrmals am Tag für kurze Zeit die richtige Haltung einzunehmen.

Ihre Körperhaltung verrät, wie Sie selbst sich sehen

Es gibt einen direkten Zusammenhang zwischen unserer Körperhaltung und unserem seelischen Befinden beziehungsweise unserem Charakter. Ein innerlich schwacher und antriebsloser Mensch hat nach aller Erfahrung kaum je eine aufrechte, gestraffte Körperhaltung, und umgekehrt wird ein dynamischer und tatkräftiger Mensch mit starkem innerem Selbstverwirklichungsdrang nie mit hängenden Schultern und schleppendem Gang herumlaufen. Das Selbstbild ist die Ursache der äußeren Erscheinung, und wir können an der Erscheinung eines Menschen sofort seine innere Einstellung erkennen.

Aber nicht nur das Selbstbild prägt die Körperhaltung, sondern diese wirkt auch auf das seelische Befinden zurück. Nicht umsonst gibt man einem ängstlichen oder deprimierten Menschen den Rat: Stell' dich erst einmal gerade hin und hole tief Luft! Denn auch die bewußt veränderte Körperhaltung beeinflußt und verändert unseren Gemütszustand. Darum ist es tatsächlich sehr hilfreich, wenn Sie mehrmals täglich daran denken, Ihre Körperhaltung zu kontrollieren und zu korrigieren. Die Welt sieht gleich ganz anders aus, wenn Sie selbst eine körperlich aufrechte, das heißt seelisch-geistig zuversichtliche Haltung einnehmen. Einem schüchternen, unter Minderwertigkeitsgefühlen leidenden Menschen wird es deswegen sehr helfen, wenn er sich eine »königlich« aufrechte Haltung aneignet. Ein Mensch, der sehr zurückgezogen lebt, wird völlig neue Erfahrungen machen, wenn er sich einmal körperlich für die Welt öffnet.

Wenn Sie sich aufrecht und gerade halten, wird Ihre Lunge nicht in ihrer Funktion behindert und kann mehr Sauerstoff aufnehmen, und Sie werden sich schon nach wenigen Atemzügen frischer und leistungsfähiger fühlen als zuvor. Seien Sie daher auch im Alltagsleben bemüht, so oft wie möglich eine aufrechte und geöffnete Körperhaltung einzunehmen.

Lernen Sie, sich zu entspannen

Bevor Sie mit dem eigentlichen Mentaltraining beginnen können, müssen Sie in der Lage sein, sich körper-

lich und geistig-seelisch vollkommen zu entspannen.
Denn nur im Zustand tiefer Entspannung erreichen
Sie den schöpferischen Bewußtseinszustand, und nur
in der Entspannung können Sie Ihre gesamte Konzentration und Ihre Kraft auf das plastische Vorstellungsbild des von Ihnen erstrebten Zieles richten, das
Sie ja schließlich mit Hilfe des Mentaltrainings erreichen möchten.

Spannung wie Entspannung sind gleichermaßen
natürliche Zustände. Wir messen jedoch heutzutage
infolge unserer Lebensweise der Spannung oder Ziel-
gerichtetheit unausgesprochen eine größere Bedeutung zu als der Entspannung. Gerade deshalb müssen
wir aktiv an unserer Tiefenentspannung »arbeiten«,
um unsere innere Harmonie wiederherzustellen.

Nachstehend finden Sie daher einige Übungen, die
es Ihnen gestatten, sich auf Wunsch jederzeit körperlich und sodann auch geistig-seelisch zu entspannen.
Sie werden feststellen, daß es eine ganze Reihe von
Übungen gibt, die nur verschiedene Wege zur Entspannung sind.

Widmen Sie der von Ihnen bevorzugten Entspannungsübung anfangs ruhig etwas mehr Zeit, denn dieser Zeitaufwand wird sich bezahlt machen. Wenn Sie
Ihre persönliche Entspannungsübung erst einmal beherrschen, so werden Sie sich in Zukunft mühelos innerhalb weniger Sekunden auf das Mentaltraining
einstimmen können.

Im Grunde genommen lassen sich körperliche und
geistig-seelische Entspannung nicht voneinander
trennen. Da ich Ihnen im folgenden jedoch in erster
Linie körperliche Entspannungstechniken vorstellen
werde, möchte ich Sie zuvor noch auf die besondere
Bedeutung der geistig-seelischen Entspannung hinweisen.

Die Wirksamkeit des Mentaltrainings hängt direkt von der Konzentration ab, mit der Sie Ihr großes Ziel ansteuern. Starke negative Emotionen wie etwa Zweifel, Angst oder Sorgen stören und beeinträchtigen Ihre Konzentration. Lassen Sie sich daher auch emotionell und geistig während der Entspannung vollkommen los. Machen Sie sich während des Mentaltrainings innerlich frei und streifen Sie destruktive Gedanken und Gefühle förmlich ab wie einen Handschuh! Um Erfolg zu haben, müssen Sie Ihre gesamte Energie auf Ihr Ziel konzentrieren, und nichts darf Sie dabei stören.

Zur Unterstützung Ihrer Konzentration können Sie sich während oder kurz vor der körperlichen Entspannung vorstellen, wie sich Ihr Kopf langsam leert, wie Sie nun erfüllt werden von reinem, weißem Licht oder, wenn Ihnen diese Vorstellung mehr zusagt, von tiefer, beruhigender Schwärze.

Beobachten Sie dann, wie alle Gedanken und Gefühle sich zurückziehen, und spüren Sie die unendliche Ruhe, die jetzt eintritt. Wenn Sie sich im Zustand völliger geistig-seelischer Ruhe befinden, werden Sie auch die körperliche Entspannung wesentlich schneller, leichter und intensiver erreichen.

Es gibt eine ganze Reihe körperlicher Entspannungsmethoden. Die wichtigsten möchte ich Ihnen im folgenden vorstellen:

1. Gezielte Gymnastik

Wenn Sie unter Verspannungen im Schulter- und Nackenbereich leiden, werden Sie es als sehr wohltuend empfinden, wenn Sie mit Hilfe einer gezielten Gymnastik die entsprechenden Muskeln bereits vor Beginn des Mentaltrainings bewußt lockern. Diese Gymnastik sollte Sie jedoch ausnahmsweise einmal nicht zum Schwitzen bringen. Begnügen Sie sich damit, alle Muskeln und Sehnen kräftig zu dehnen und zu strecken. Wenden Sie zu diesem Zweck jedoch nicht allzuviel Kraft auf, sondern machen Sie nur weite, fließende Bewegungen.

Lassen Sie zunächst Ihre Arme vorwärts und rückwärts kreisen. Darauf folgen das Schulterkreisen in beide Richtungen und das Hüftkreisen. Heben Sie anschließend die Arme in die Waagerechte und schwingen Sie einige Male bei ausgestreckten Armen mit dem Oberkörper von links nach rechts und umgekehrt, während Sie mit den Füßen fest auf dem Boden stehen bleiben. Lassen Sie dann einmal den Oberkörper so weit wie möglich nach vorne hängen! Strengen Sie sich jedoch nicht an, möglichst tief nach unten zu kommen, sondern lassen Sie den Körper nur so weit vornüber hängen, wie er dies ohne Kraftaufwendung von alleine zu tun vermag. Erheben Sie sich langsam wieder in eine aufrechte Stellung und lockern Sie anschließend Ihre Beine, indem Sie sie nach allen Seiten hin »ausschütteln«.

Beschließen Sie Ihre Gymnastik mit der Lockerung Ihrer Halsmuskeln. Lassen Sie zunächst den Kopf abwechselnd auf die Brust und in den Nacken fallen, dann nach rechts und links in Richtung der beiden Schultern. Nach einigen Wiederholungen dieser Übung kreisen Sie noch ein paarmal mit dem Kopf in beiden Richtungen.

2. Die progressive Muskelentspannung
Die progressive Muskelentspannung ist eine Methode, mit Hilfe der systematischen Anspannung bestimmter Muskelpartien den ganzen Körper zu entspannen. Zu diesem Zweck werden die einzelnen Muskel nacheinander für einige Sekunden ange-

spannt, in dieser Spannung gehalten und dann durch spontanes Loslassen der Kontraktion bewußt entspannt. Jede einzelne dieser Übungen kann zur Verstärkung der erwünschten Wirkung auch noch einmal wiederholt werden. Das Gefühl der Entspannung nach dieser Übung gleicht dem Gefühl von Müdigkeit und Schwere, das wir nach harter körperlicher Arbeit verspüren.

Beginnen Sie mit Ihrer rechten Hand und fahren Sie dann mit Ihrem rechten Arm, der linken Hand und dem linken Arm, dem rechten und dem linken Bein, dem Gesäß, dem Bauch und Rücken, den Schultern, dem Hals und den Gesichtsmuskeln fort. Spannen Sie die entsprechenden Muskeln jeweils so stark an, wie Sie können, und halten Sie diesen Zustand für etwa sieben Sekunden aufrecht. Dann lassen Sie die jeweiligen Muskeln plötzlich und spontan wieder los. Dieses plötzliche Loslassen der angespannten Muskeln ist wichtig, da eine langsame und zögernde Entspannung nicht die gleiche positive Wirkung hat.

Schütteln Sie zum Schluß noch einmal Ihren ganzen Körper gut durch und vergegenwärtigen Sie sich auf diese Weise den Zustand Ihrer körperlichen Entspanntheit.

3. Das Körperpendeln

Nehmen Sie zunächst eine aufrechte Stehhaltung ein. Beginnen Sie dann ganz langsam mit dem Körper nach vorne zu wippen, und zwar so weit, daß Sie gerade noch ohne Problem stehen können. Anschließend lassen Sie sich langsam wieder zurückfallen, dann pendeln Sie in die entgegengesetzte Richtung, nach hinten. Pendeln Sie so etwa für eine Minute ruhig und gleichmäßig hin und her, lassen Sie dann die Bewegungen immer kleiner werden und verändern

Sie die Bewegungsrichtung so, daß Sie schließlich seitwärts pendeln.

Verfahren Sie dann wieder wie vorher, nur daß Sie mit dem Körper nun nach rechts und links pendeln. Lassen Sie auch diese Bewegungen mit der Zeit immer kleiner werden. Danach kreisen Sie mit dem ganzen Körper um Ihren eigenen Mittelpunkt, erst im Uhrzeigersinn und dann andersherum. Lassen Sie die Kreise allmählich enger werden, so eng, bis sie von einem Außenstehenden kaum mehr als Bewegung wahrgenommen werden könnten. Dann kommen Sie irgendwann zur Ruhe und verharren eine Weile in dem neugefundenen Mittelpunkt. Genießen Sie die Ruhe, die eintritt, wenn Sie Ihre Mitte gefunden haben.

Diese Übung ist besonders dann zu empfehlen, wenn Sie sich wieder in innere Harmonie bringen möchten.

Die nachstehend beschriebenen Entspannungsübungen lösen gleichermaßen körperliche und seelische Entspannung aus. Solche Techniken sind:

4. Das Rückwärtszählen

Wenn Sie bisher nur wenig geübt sind auf dem Gebiet der Entspannung, so schlage ich Ihnen folgende grundlegende Übung vor, die selbst in hartnäckigen Fällen ein Gefühl für körperliche und geistig-seelische Entspannung vermittelt: das Rückwärtszählen.

Legen Sie sich auf eine Liege oder eine andere nicht allzu weiche Unterlage und schließen Sie die Augen.

Zählen Sie nun langsam rückwärts von hundert bis eins, wobei zwischen zwei Zahlen jeweils ein zeitlicher Abstand etwa von zwei Sekunden liegen sollte. Versuchen Sie, wenn möglich, jede Zahl auch vor

Ihrem geistigen Auge zu *sehen*. Konzentrieren Sie sich auf jede einzelne Zahl, erfassen Sie diese voll bewußt. So werden Sie die erste Stufe der Entspannung, den Alphazustand erreichen.

Entspannungsfördernd ist es auch, wenn Sie die Augen, während Sie zählen, bei geschlossenen Lidern nach oben in Richtung Ihrer Nasenwurzel richten, denn schon allein diese Augenstellung veranlaßt Ihr Gehirn, Alphawellen zu produzieren.

Mit der Methode des Rückwärtszählens werden Sie den Alphazustand zwar schon beim ersten Versuch erreichen; es wird jedoch noch eine Übungszeit von einigen Wochen notwendig sein, damit Sie diesen Zustand weiter vertiefen und über einen längeren Zeitraum aufrechterhalten können und schließlich in den Thetazustand gelangen. Wenn Sie zehn Tage lang rückwärts von hundert bis eins gezählt haben, reicht es schon, wenn Sie nur noch von fünfzig bis eins zählen; nach weiteren zehn Tagen zählen Sie nur noch von fünfundzwanzig bis eins, dann von zehn bis eins und schließlich nur noch routinemäßig von sieben bis eins.

Wenn Sie auf dieser Stufe angelangt sind und nur noch von sieben bis eins zu zählen brauchen, dann können Sie das Rückwärtszählen mit der nachstehend beschriebenen Farbimagination verbinden.

5. Die Farbentspannung

Die Farbentspannung beruht darauf, daß Sie sich in einer festen Reihenfolge sieben verschiedene Farben vorstellen und bei jeder einzelnen dieser Farbvorstellungen einen Teil Ihres Körpers bewußt loslassen und entspannen. Wenn Sie sich entspannen möchten, sollten Sie sich die sieben Farben in dieser Reihenfolge vor Ihr inneres Auge rufen:

Rot – Orange – Gelb – Grün – Blau – Lila – Violett.
Stellen Sie sich zunächst die Farbe Rot kräftig und
leuchtend vor, so daß Sie ein intensives Farbempfin-
den während dieser Imagination haben. Halten Sie
diese Vorstellung etwa dreißig Sekunden bis zwei Minuten lang aufrecht. Dann lassen Sie die Farbe Rot
los und gehen über zu der Farbe Orange. Während Sie
so von einer Farbe zur nächsten übergehen, sollten
Sie sich immer wieder die im autogenen Training ge-
bräuchliche Formel vorsprechen: Meine Beine werden nun schwer wie Blei, immer schwerer und schwerer, und ein angenehmes Wärmegefühl durchströmt
meine Beine.

Allein die Anwendung dieser Formel hat schon eine
entspannende Wirkung; die Farbvorstellungen verstärken diese Wirkung jedoch noch. Jede der Farben
führt Sie geistig-seelisch auf eine tiefere Ebene der
Entspannung, bis Sie bei Violett die tiefste Stufe der
Entspannung erreicht haben.

Sollten Sie das Gefühl haben, daß bei der Farbentspannung nichts geschehen sei, so liegt das wahrscheinlich daran, daß Sie schon in der Vergangenheit
des öfteren im Alphazustand gewesen sind, ohne dies
allerdings zu bemerken. Üben Sie einfach beständig
weiter, um Ihre Entspannungsfähigkeit noch weiter
zu vertiefen!

6. Die Körperwanderung

Am besten führen Sie diese Übung im Liegen durch,
damit Sie alle Muskeln Ihres Körpers unbehindert
entspannen können. Achten Sie besonders darauf,
daß die Wirbelsäule, der Hals und der Kopf gerade liegen und eine Waagerechte bilden. Die Unterlage, auf
der Sie liegen, sollte deshalb nicht zu weich sein.

Lenken Sie nun Ihre gesamte Aufmerksamkeit auf

Ihren rechten Arm. Wandern Sie dann bewußt Ihren Arm hinunter bis zu Ihrem Daumen und konzentrieren Sie Ihre Aufmerksamkeit auf den Daumen. Die Konzentration auf Ihren Daumen sollte am Ende so stark sein, daß Sie nur noch diesen wahrnehmen oder ihn doch wenigstens wesentlich bewußter und intensiver wahrnehmen als Ihren restlichen Körper. Wenn Ihr Körperbewußtsein weitestgehend auf den Daumen konzentriert ist, beginnen Sie damit, den Daumen ganz bewußt zu entspannen. Erspüren Sie alle seine Muskeln und entspannen Sie diese dann bewußt.

Wandern Sie dann mit Ihrer Aufmerksamkeit in den nächsten Finger und verfahren Sie dort auf die gleiche Weise. Wandern Sie auf diese Weise durch Ihren gesamten Körper. Wenn Sie Schwierigkeiten haben, sich zu entspannen, sollten Sie zunächst mit Hilfe der beschriebenen Methode jedes einzelne Organ Ihres Körpers entspannen.

Am Anfang werden Sie vielleicht noch Schwierigkeiten haben, ein Organ einzeln, also ganz isoliert, zu erspüren. Mit zunehmender Übung werden Sie sich jedoch in jeden Teil Ihres Körpers hineinversetzen können.

7. Die innere Rolltreppe

Im Anschluß an die liegend ausgeführte Körperwanderung können Sie in derselben Position auch gleich die »imaginäre Rolltreppenfahrt« durchführen.

Die meisten Menschen können sich eine Rolltreppenfahrt ohne Schwierigkeiten vorstellen; aus diesem Grund habe ich auch dieses Bild gewählt. Die Vorstellung einer Fahrt in einem Fahrstuhl erfüllt jedoch den gleich Zweck.

Schließen Sie die Augen und stellen Sie sich vor,

wie Sie auf einer Rolltreppe langsam abwärts fahren. Während dieser Fahrt lassen Sie alle störenden Gefühle und Gedanken »oben« am Anfang der Treppe zurück, und je tiefer Sie fahren, um so ruhiger und entspannter werden Sie. Unten angekommen beginnt schon die nächste Rolltreppe, um Sie noch tiefer zu tragen, immer tiefer in die Entspannung. Fahren Sie so lange abwärts, bis es nicht mehr weitergeht, oder aber, bis Sie völlig entspannt sind. Dann bleiben Sie einfach dort, wo Sie sich gerade befinden. Je tiefer Sie fahren, um so entspannter sind Sie. Das Bild der Rolltreppenfahrt eignet sich besonders gut als Auslöser Ihrer täglichen Entspannung.

8. Die Hong-Soh-Atmung

Eine der wichtigsten und bekanntesten Techniken, in einen Zustand der Entspannung zu gelangen, ist die bewußte Atmung. Nicht umsonst wird in Gesundheitssystemen wie dem Yoga oder in den fernöstlichen Kampfsportarten so großer Wert auf die korrekte und bewußte Atmung gelegt.

Eine der Grundübungen, um körperliche, aber auch geistig-seelische Entspannung zu erreichen, ist die Beobachtung des Atems. Sie brauchen dabei nichts weiter zu tun, als Ihre volle Konzentration auf Ihren Atem zu lenken und den Fluß Ihres Atems zu beobachten. Beobachten Sie Ihren Atem jedoch mit voller Konzentration, denn es ist ja Ihr Ziel, Ihre Gedanken und Gefühle zu beruhigen und auf einen Punkt zu konzentrieren.

Eine besondere Technik der Atementspannung ist die Hong-Soh-Atmung. Stellen Sie sich, während Sie einatmen, einfach vor, daß Sie innerlich den Laut »Hong...« hören. Atmen Sie nun langsam ein und dehnen Sie den Laut so weit aus, wie es Ihnen, ohne

sich anzustrengen, möglich ist. Beim Ausatmen sollten Sie dann innerlich den Laut »Soh...« hören, und
zwar ebenfalls so ausgedehnt, wie es Ihnen Ihre Aus-
atmungskapazität gestattet.

Diese Übung hat mehrere Auswirkungen: Zum
einen sind die beiden Silben so gewählt, daß man sie
beliebig lang dehnen kann, jeder nach seiner Atmungskapazität. Der innerlich wahrgenommene Laut
wirkt schon als solcher entspannend und beruhigend.
Zum anderen regen die beiden Laute eine für die Entspannung so wichtige tiefere Ein- beziehungsweise
Ausatmung an.

Das Lautgebilde Hong-Soh ist aber zugleich auch
ein Mantra und bewirkt bei ständiger Wiederholung
eine Art innerer Erleuchtung oder wichtiger Erkenntnis und ist somit der Persönlichkeitsentwicklung insgesamt förderlich. Im übrigen dient es dem Denken
als Fixpunkt, an dem es sich »festhalten« kann, denn
wenn ein störender Gedanke auftaucht, kann der
Übende geistig zu den beiden Silben Hong-Soh zurückkehren.

9. Die Wärmeübung

Die Wärmeübung, die dem autogenen Training ent-
lehnt ist, ist nicht nur eine bewährte allgemeine Entspannungsübung, sondern sie vermag auch gezielt
Verspannungen im Bauch- und Brustraum aufzulösen.

Vorbereitend sollten Sie sich vorstellen, daß Sie in
der Badewanne liegen und das angenehm warme
Wasser Ihren ganzen Körper umspült. Diese Vorstellung ist eine gute Imaginationsübung, und Sie sollten
die sanften Bewegungen des Wassers auf der Haut
und seine Wärme mit allen Ihren Sinnen deutlich spüren.

Wenn Sie dieses Bild ganz klar vor Ihrem geistigen
Auge sehen und die Wärme des Wassers körperlich
intensiv spüren, können Sie zur eigentlichen Wärmeübung übergehen.

Stellen Sie sich beim Einatmen vor, daß eine spür-
bare, angenehme Wärme in Ihren Brustraum fließt.
Beim Ausatmen strömt diese Wärme langsam und
kontinuierlich ganz tief in den Bauch hinein und bis
zum Beckenboden hinunter.

Lassen Sie diese Wärme bei jedem Atemzug zwischen Ihrer Brust und Ihrem Bauch hin- und herwan-
dern und verlangsamen Sie Ihren Atemrhythmus immer mehr, so daß auch die Wärme in Ihnen immer
ruhiger strömt. Führen Sie diese Übung zunächst bei
geschlossenen, später dann auch mit offenen Augen
durch, damit Sie sie jederzeit, auch nebenbei, ausführen können.

Die Wärmeübung wird Ihnen nicht nur zu tieferer
Entspannung verhelfen, sondern Sie auch in die Lage
versetzen, sich jederzeit zu »entstressen«.

Die Fähigkeit, sich zu entspannen, ist für den Erfolg
des Mentaltrainings ganz besonders wichtig. Praktizieren Sie daher regelmäßig die Ihnen am meisten zu-
sagende Methode, am besten jedoch die der Farbentspannung.

Üben Sie bitte konsequent, denn für die nachstehend beschriebenen Praktiken des Mentaltrainings
ist die Fähigkeit, sich tief zu entspannen, unerläßlich.
Legen Sie daher eine bestimmte Tageszeit fest, während der Sie in Zukunft regelmäßig das Mentaltraining praktizieren werden, und berücksichtigen Sie
die Hinweise, die ich Ihnen vorstehend hinsichtlich
der richtigen Vorbereitung einer Mentaltrainingssitzung gegeben habe.

Konzentrationsfähigkeit als unerläßliche Voraussetzung

Das Geheimnis der Konzentration besteht darin, alle Energie auf einen Punkt zu richten, das heißt, einer einzigen Sache seine ausschließlich Aufmerksamkeit zu schenken.

Grundsätzlich kann zu einem bestimmten Zeitpunkt immer nur ein Gedanke unser Bewußtsein erfüllen. Was wir mit dem Wort Konzentrationsschwäche bezeichnen ist die Unfähigkeit, mit unseren Gedanken kontinuierlich während eines längeren Zeitraums bei einer Sache zu bleiben. Diese Unfähigkeit kann vielerlei Ursachen haben: Assoziationen, die sich uns hartnäckig aufdrängen, Gefühle, die bei der Beschäftigung mit einer Sache in uns aufsteigen, innere Verwirrung oder einfach nur mangelndes Interesse.

Sie können Ihre Konzentrationsfähigkeit jedoch trainieren, denn unser Denkvermögen ist einem Muskel vergleichbar, der verkümmert, wenn wir ihn zuwenig oder nicht richtig nutzen. Die wenigsten von uns jedoch nutzen ihre geistig-seelischen Fähigkeiten optimal.

Für jede komplizierte Maschine und jedes Instrument gibt es eine Gebrauchsanweisung oder Bedienungsanleitung, die vor Inbetriebnahme des Gerätes gründlich studiert werden sollte. Nur für das komplexeste »Instrument«, das wir kennen, das menschliche Gehirn, gibt es eine solche »Bedienungsanleitung« nicht. Und deshalb denken die meisten Menschen, daß sie sich mit der »natürlichen« Leistung ihres Gehirns zufriedengeben müssen. Wir sind jedoch aufgerufen, unsere Fähigkeiten nicht nur zu nutzen, sondern auch zu entwickeln und zu entfalten.

Wenn Sie Ihre Konzentrationsfähigkeit steigern möchten, sollten Sie zunächst lernen, sich von Ihren Tätigkeiten faszinieren zu lassen. Denn auf Beschäftigungen, die uns faszinieren, richten wir unsere Aufmerksamkeit gern. Eine positive Geistes- und Gefühlshaltung gegenüber Ihren Pflichten und Aufgaben wird daher auch Ihr Konzentrationsvermögen erheblich steigern. Aus diesem Grund ist es auch so wichtig, daß Sie alles, was Sie tun, mit Freude tun. Wenn Ihre berufliche Tätigkeit Sie erfüllt und Sie mit Freude arbeiten, so wird auch das Ergebnis Ihrer Arbeit zufriedenstellend sein. Letztlich hat jede Tätigkeit faszinierende Aspekte, die es nur zu erkennen gilt.

Wenn Sie Ihre tägliche Arbeit hingegen als Last sehen, so wird sie Ihnen auch tatsächlich eine tägliche Last sein, und Sie werden immer unzufrieden sein. Sollte diese Aussage auf Sie zutreffen, so müssen Sie die Einstellung zu Ihrer Arbeit ändern, um neue Aspekte in ihr zu erkennen, die Sie zu fesseln vermögen.

Sie können Ihre Arbeit betrachten als:

O Aktivurlaub,
O dynamische Meditation,
O Weg der Selbstverwirklichung,
O Mittel der Bewußtseinserweiterung,
O Konzentrationsübung,
O Geschenk (da Sie nicht arbeitslos sind).

Wiederholen Sie daher, während Sie arbeiten, gelegentlich den Leitspruch: »Je länger ich mich bei der Arbeit erhole, um so froher und frischer werde ich.«

Im folgenden möchte ich Ihnen nun eine Reihe von Konzentrationsübungen vorstellen, die sich in der Praxis immer wieder bewährt haben:

1. Das Punktsehen

Die optimale Konzentration und Fixierung Ihres Denkens auf Ihr angestrebtes Endziel erreichen Sie am besten mit Hilfe einer Übung, die auch im Yoga und aufgrund vieler anderer bewährter Methoden schon seit langem mit Erfolg praktiziert wird.

Zeichnen Sie zunächst einen schwarzen Punkt auf ein Blatt Papier und befestigen Sie dieses Blatt dann in Augenhöhe an einer geeigneten Wand. Nehmen Sie ein bis zwei Meter von dieser Wand entfernt auf einem Stuhl Platz und blicken Sie in Richtung des Punktes. Entspannen Sie sich soweit, wie es Ihnen möglich ist, und versuchen Sie, Ihre Wirbelsäule aufrecht zu halten.

Nun richten Sie Ihre Aufmerksamkeit auf den schwarzen Punkt. Bleiben Sie jedoch entspannt und blicken Sie ganz unverkrampft auf das Blatt Papier vor Ihnen an der Wand. Schauen Sie einfach nur auf den Punkt.

Sobald ein störender Gedanke oder eine unerwünschte Gefühlsanwandlung auftaucht, richten Sie Ihre Aufmerksamkeit erneut auf den Punkt an der Wand. Vielleicht stellen Sie sich auch vor, daß zwischen Ihnen und dem Punkt eine besonders intensive geistig-seelische Verbindung besteht – einem Lichtstrahl vergleichbar, der zwischen Ihnen und der Wand verläuft. Jeder Gedanke, der Sie beherrscht, und jede Emotion, die in Ihnen aufsteigt, fließen ein in diesen Strahl, lösen sich auf und verwandeln sich in Konzentration.

Mit Hilfe dieser Übung können Sie Ihre Konzentrationsfähigkeit allmählich steigern. Führen Sie diese Übung jedoch jeweils nur so lange aus, wie es Ihnen ohne Verspannung möglich ist. Nehmen Sie daher mehrmals täglich die beschriebene Position ein und

fixieren Sie den Punkt eine Zeitlang. Ideal wäre eine
Zeitdauer von jeweils zehn Minuten. Wiederholen Sie
diese Übung so lange, bis Sie jederzeit Ihre Gedanken
vollständig auf diesen Punkt konzentrieren können.
Dann hat kein Gedanke mehr die Macht, Ihre Konzentration zu stören.

Fachleute bestätigen, daß das Punktsehen nicht nur
die Konzentrationsfähigkeit fördert, sondern zugleich
auch seelische Spannungen abbaut und allgemein beruhigend und kräftigend wirkt. Daher ist diese Methode auch als allgemeine Meditationsübung für jedermann empfehlenswert.

2. Das Langsamlesen

Nehmen Sie einen beliebigen Text zur Hand und beginnen Sie zu lesen. Überfliegen Sie die Wörter jedoch nicht, sondern lesen Sie so langsam, daß Sie jede
Silbe des Textes einzeln wahrnehmen und in Ihrem
Bewußtsein nachschwingen lassen. Konzentrieren
Sie auch Ihren Blick auf jede einzelne Silbe und lassen Sie die jeweiligen Buchstaben erst eine Reaktion
in Ihrem Inneren auslösen, bevor Sie zur nächsten
Silbe übergehen. Eilen Sie nicht in Ihren Gedanken
oder mit dem Blick voraus, sondern verweilen Sie
etwa drei bis fünf Sekunden auf jeder einzelnen
Buchstabengruppe. Am besten lesen Sie halblaut oder
laut, weil dies die Konzentration erleichtert.

Ihr Intellekt wird vielleicht gegen diese Übung re-
voltieren, und Sie werden sich wahrscheinlich andau-
ernd gedrängt fühlen, schneller zu lesen, weil Sie es
so gewohnt sind. Halten Sie jedoch eisern an diesem
Übungsrezept fest. Nach etwa einer Minute werden
Sie die ersten Anzeichen der Ruhe verspüren; dieser
Zustand stabilisiert sich nach zirka fünf Minuten und
kommt auch Ihrer Konzentrationsfähigkeit zugute.

3. Das Fingeröffnen

Auf einem ähnlichen Prinzip beruht die Übung des Fingeröffnens. Legen Sie Ihre locker geschlossene Faust so auf den Tisch, daß die Innenseite Ihnen zugewandt ist. Öffnen Sie nun die Faust und strecken Sie jeden Finger einzeln, jedoch so langsam, daß in keinem Moment eine Bewegung erkennbar ist. Beginnen Sie mit dem Daumen und öffnen Sie die Hand Finger für Finger so langsam, daß es den Anschein hat, Sie hielten die einzelnen Finger bewegungslos.

Sollte doch einmal eine Bewegung zu sehen sein, so verharren Sie kurz und werden Sie innerlich wieder ganz ruhig, dann fahren Sie einfach fort. Beobachten Sie in jedem Augenblick Ihre Handstellung ganz bewußt, und wenn alle Finger vollständig gestreckt sind, schließen Sie die Hand wieder auf die gleiche Weise zu einer Faust.

4. Das Langsamzählen

Zählen Sie langsam von eins bis hundert. Konzentrieren Sie sich jeweils zwei bis drei Sekunden lang auf die Zahl, bei der Sie gerade angelangt sind, dann gehen Sie zur nächsten Zahl über. Während dieser Übung darf kein anderer Gedankeninhalt auftauchen als nur die jeweilige Zahl, die Ihr Bewußtsein erfüllt. Sollte dennoch einmal ein anderer Gedanke auftauchen, so beginnen Sie wieder von vorne.

Seien Sie nicht entmutigt, wenn Sie anfangs nur bis fünf oder zehn kommen. Je weiter Sie zählen können, ohne an etwas anderes zu denken, um so größer ist Ihre Konzentrationsfähigkeit. Wenn Sie einmal bei zwanzig oder dreißig angelangt sind, ist Ihre Konzentrationsfähigkeit schon recht gut; gelingt es Ihnen, ohne von anderen Gedanken gestört zu werden, bis fünfzig zu zählen, ist Ihre Konzentrationsfähigkeit bereits beachtlich. Wer ohne gedankliche Abschweifung bis hundert zählen kann, dessen Konzentrationsfähigkeit ist vollkommen.

5. Die Erinnerungsimagination

Wenn Sie glauben, keine Zeit für die vorstehend beschriebenen Übungen zu haben, sollten Sie einfach alle Gelegenheiten des Konzentrationstrainings nutzen, die sich Ihnen im täglichen Leben bieten. Denn auch zum Beispiel die detaillierte Vergegenwärtigung eines Schaufensters, das Sie sich angesehen haben, oder eines Ihnen bekannten Gesichtes steigert Ihre Konzentrationsfähigkeit.

Üben Sie also, vergangene Situationen einige Zeit später wieder in allen Einzelheiten vor Ihr geistiges Auge zu rufen.

Wenn Sie zu diesem Zweck ein Gesicht gewählt haben, sollte es Ihnen möglich sein, den Ausdruck der Augen, die das Gesicht bestimmenden Falten, die Dichte der Augenbrauen, die Stellung der Zähne und ähnliche Merkmale genau zu visualisieren. Wenn Sie sich ein Schaufenster in Erinnerung rufen, so sollten Sie versuchen, die Farbe der Dekorationsstücke, die Lichtquellen im Fenster, die Preisschilder und die Anordnung der Waren noch einmal genau vor Ihrem geistigen Auge zu sehen.

6. Die Fixierung der Nasenwurzel

Die klassischen fernöstlichen Meditationstechniken empfehlen dem Übenden, den Blick bei geschlossenen Augen im Geiste auf die Nasenwurzel zu richten. Dies soll bei vollkommen entspannten Gesichtsmuskeln geschehen. Yogameister sagen, daß diese Augenstellung hilft, während der Meditation unerwünschte Gedanken fernzuhalten.

7. Das Schließen der Augen

Die meisten von uns können sich bei geschlossenen Augen leichter konzentrieren. Es gibt jedoch auch Menschen, deren Konzentrations- und Imaginationsfähigkeit sich besser bei geöffneten Augen entfalten können.

Führen Sie deshalb die von Ihnen bevorzugten Übungen grundsätzlich so durch, wie es Ihnen am angenehmsten ist. In der Literatur wird im allgemeinen nur deshalb empfohlen, die Übungen mit geschlossenen Augen auszuführen, damit die Aufmerksamkeit des Übenden nicht von den Geschehnissen der Außenwelt abgelenkt wird.

8. Die Herstellung vollkommener innerer Stille

Eines des grundlegenden Ziele fast aller spirituellen Wege ist innere Stille. Für den verstandesorientierten Menschen des Westens ist gerade dieses Ziel am schwersten zu erreichen. Dies werden Sie selbst leicht feststellen können, wenn Sie einmal kurz versuchen, an absolut nichts zu denken und keinerlei Gefühle aufkommen zu lassen. Vermutlich wird Ihnen das gar nicht oder nur für sehr kurze Zeit gelingen. Nicht umsonst sprechen Zenmeister von einer »Horde wildgewordener Affen«, wenn sie über die Macht und die Konfusion unserer ungezügelt sich austobenden Gedanken reden.

Es ist jedoch ein Irrtum anzunehmen, wir seien den auf uns einstürmenden Gedanken ausgeliefert. So mancher Mensch glaubt, er könne keinerlei Einfluß auf sein Denken nehmen, da Gedanken – die ja immer auch von Gefühlen begleitet sind – angeblich selbständig auftreten und wieder verschwinden. Gedankenkontrolle ist jedoch reine Übungssache. Wer sich niemals um die systematische Disziplinierung seines eigenen Denkens bemüht hat, muß sich nicht wundern, wenn in seinem Kopf und somit auch in seinem Gefühlsleben chaotische Zustände herrschen.

Das Bemühen um innere Stille ist eine der besten Konzentrationsübungen überhaupt. Versuchen Sie daher mehrmals täglich für kurze Zeit diesen Zustand zu erreichen. Ob nun in der Straßenbahn oder während der Frühstückspause, versuchen Sie immer wieder einmal, der Fülle Ihrer Gedanken Herr zu werden.

Eine Grundregel für die Erreichung innerer Stille lautet: Setzen Sie Ihren Gedanken und Gefühlen keinen Widerstand entgegen. Sie können ihnen nicht befehlen zu verschwinden. Sie können sich aber geistig in sich selbst zurückziehen. Nehmen Sie Ihre Gedanken und Gefühle an, aber haften Sie nicht an ihnen; lassen Sie sie genausoleicht wieder los, wie Sie sie angenommen haben.

Oder aber stellen Sie sich vor, wie Sie geistig »aus sich heraustreten«. Stellen Sie sich geistig einfach zwei Schritte neben sich und beobachten Sie Ihr Bewußtsein gleichsam »von außen«. Dann werden Sie erkennen, daß Ihr wahres Selbst nicht Ihre momentanen Regungen sind, sondern daß das Zentrum Ihrer Persönlichkeit unabhängig von der Aktivität Ihres Denkens existiert.

Eine andere Hilfsvorstellung, um den Zustand innerer Stille herbeizuführen, besteht darin, daß Sie sich gleichsam von oben her in den Kopf schauen und beobachten, wie Ihr Gehirn, einem Räderwerk vergleichbar, funktioniert, wie es in Ihrem Kopf surrt und klickt, wie es schaltet und arbeitet. Legen Sie nun im Geiste den großen Schalter auf »Stopp« und visualisieren Sie, wie die Räder Ihres inneren Uhrwerks immer langsamer werden, bis sie schließlich stillste-

hen und die erwünschte innere Stille in Ihnen einge-
kehrt ist.

Eine der klassischen, im Yoga und in der fernöstlichen Meditationspraxis verwandte Hilfsvorstellung
ist es, sich die eigenen Gedanken und Gefühle wie
Wolken vorzustellen, die am Himmel vorüberziehen.
Sie nehmen diese »inneren« Wolken zwar zur Kenntnis, aber Sie lassen sie nicht an sich heran. Sie vermeiden jede Auseinandersetzung mit Ihren Gedanken und Gefühlen und halten sie nicht fest, sondern
Sie lassen sie langsam und stetig vorüberziehen.
Sollte einmal eine besonders aufdringliche »Wolke«
Sie belästigen, so sagen Sie zu ihr: »Nicht jetzt, ich
komme später zu dir!«

In einem solchen Moment der inneren Stille sollte
nichts anderes wichtig sein als die völlige Leere des
Geistes.

Sie können sich aber auch bildhaft vorstellen, wie
Sie mit einem »Radiergummi« gleichsam alle Gedanken und Gefühle, die sich störend bemerkbar machen,
einfach »ausradieren«!

Wenn Sie sich solchermaßen sozusagen von sich in
sich selbst zurückziehen, so werden Sie der einen
Kraft inne, die das ganze Universum durchströmt. Sie
werden dann wieder eins mit dieser Kraft, weil Sie alles Überflüssige losgelassen haben. Sie spüren nun,
wie es ist, wenn nichts Einzelnes mehr da ist.

Nutzen Sie störende Geräusche, um Ihre Konzentration zu vertiefen

Es gibt eine nette Geschichte über RAM DASS, einen
amerikanischen Philosophen und spirituellen Führer.
Die Mitglieder seiner Meditationsgruppe fühlten sich

des öftern durch eine Feuerwehrsirene gestört, die während der Meditationssitzungen immer wieder zu heulen begann.

Auf eine verärgerte Bemerkung erwiderte Ram Dass gelassen: »Das Geräusch der Sirene ist doch nur eine Energieform, die die Stadt New York uns kostenlos zur Verfügung stellt, damit wir mit ihr arbeiten können!«

Nachdem sich die Gruppe diesen Standpunkt ebenfalls zu eigen gemacht hatte, fiel es den Übenden fortan noch wesentlich leichter, trotz störender Umweltgeräusche in tiefer Meditation zu bleiben; die Sirene wirkte als Auslöser einer noch tieferen Entspannung und Konzentration. Sie sehen an diesem Beispiel, daß Geräusche an sich nichts Störendes sind, denn sie gehören zum Leben wie andere Sinneseindrücke auch.

Wenn Sie sich während des Mentaltrainings von Geräuschen belästigt fühlen, so gibt es zwei Reaktionsmöglichkeiten:

○ Entweder Sie sorgen für Abhilfe, indem Sie beispielsweise den Mitgliedern Ihrer Familie mitteilen, wann Sie in Ihrer Meditation nicht gestört werden möchten, oder

○ Sie sprechen sich im Zustand der Entspannung mehrmals die folgende Formel vor: »Jedes Geräusch vertieft meine Konzentration und führt mir mein Ziel klarer und deutlicher vor Augen!«

Benutzen Sie Geräusche am besten einfach als Auslöser einer vertieften Konzentration. Wehren Sie sich nicht gegen solche »Störungen«, sondern werden Sie einfach »durchlässig«; bieten Sie dem Lärm keinen inneren Widerstand. Schon bald werden Sie sich dann innerlich so tief zurückziehen können, daß nichts und niemand Sie zu stören vermag.

Bündeln Sie in der Art eines Lasers Ihre Energien

In den *Weden* heißt es, das Universum entbehre einer jeglichen konkreten materiellen Existenz, vielmehr bestehe es nur relativ in der Wahrnehmung durch unsere Sinne. Es ist in diesen uralten Schriften häufig von Maja, Symbol der als Trugbild erkannten Erscheinungswelt (die später künstlerisch als verschleierte Schönheit dargestellt wurde), die Rede. Auch die abendländische Wissenschaft hat auf der Suche nach dem Urstoff der Materie erkannt, daß es Substanz an sich nicht gibt und daß unsere scheinbar so reale Erscheinungswelt nur aus unterschiedlichen Energieerscheinungsformen »besteht«.

Vielleicht wird Ihnen diese Erkenntnis uralten Wissens und neuester Wissenschaft noch unbegreiflicher vorkommen, wenn Sie sich vor Augen halten, daß alles, was ist und lebt – Tisch, Gebirge, Baum und Tier und Mensch –, trotz unterschiedlichster Erscheinungsform nur Ausdruck ein und derselben Energie ist – und doch ist es so!

Schon das Wort »Substanz« gibt uns äußerst wertvolle Hinweise. Es leitet sich nämlich vom lateinischen *substantia* her und bedeutet – abhängig von *sub* = »unten« – »Wesen« oder »Vorhandensein«. Substanz ist daher das Stoffliche, das etwas Höherem *unter*liegt. Es ist Energie, die alles hervorbringt, was in »Erscheinung« tritt.

Diese Energie ist allgegenwärtig und frei verfügbar; sie »wartet« nur darauf, in einem schöpferischen Akt zum Ausdruck zu finden und in Erscheinung zu treten. Jeder Mensch ist schöpferisch, und jeder unserer Gedanken ist sowohl schöpferisch als auch bereits eine Schöpfung. Wir bedienen uns mit dem, was wir denken, vorhandener Energie und bringen kraft dieser Energie gezielt zur Geltung, was wir zum Ausdruck bringen wollen.

Sie wissen etwa, was unter Laser* zu verstehen ist: Licht einer bestimmten Wellenlänge wird verstärkt und in einem gebündelten scharfen Strahl konzentriert. Ähnlich wie ein Lasergerät arbeitet Ihre geistig-seelische »Kraftzentrale«. Sie haben einen Gedanken, eine Idee. Sie laden Ihre Idee mit Gefühl auf und lassen freisschwingende kosmische Energie in sie einströmen. So wird Ihre Idee zum Wunsch, dessen versammelte Energien, gleichsam im Prisma Ihres Geistes gebündelt, auf die Erreichung eines bestimmten Zieles gerichtet sind. Sie können davon ausgehen, daß jeder Gedanke, weil er schöpferisch ist, die Tendenz hat, sich zu verwirklichen. Die bewußte Bündelung aller Energien zu einem »Gedankenlaser« wird unfehlbar Wirkungen nach sich sich ziehen.

Die Aufnahme freischwingender Energie, deren Ordnung und gebündelte Ausrichtung auf ein Ziel läßt sich schematisch etwa wie folgt darstellen:

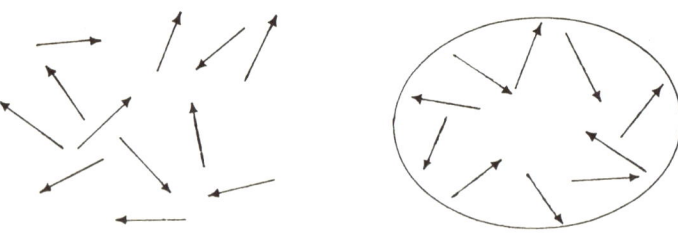

---

* Kurzwort aus *L*ight *a*mplification by *s*timulated *e*mission of *r*adiation.

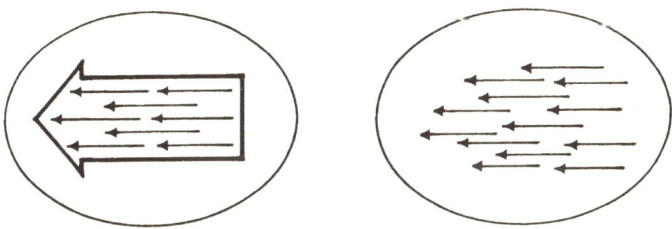

Bekanntlich zieht dem Resonanzgesetz zufolge Gleiches Gleiches an. So wird sich daher Ihr mit gebündelter Energie aufgeladener Wunsch auf der Ebene der Erscheinungswelt verwirklichen. Wenn Sie lernen, Ihre Aufmerksamkeit auf einen Wunsch zu konzentrieren und Ihre geistig-seelische Energie zu bündeln, so werden Sie »Berge versetzen« können. Gebündelte Energie ist nun einmal tausendmal wirkungsvoller!

Ein Smaragd läßt sich selbst in einem sehr heißen Ofen nicht zum Schmelzen bringen, denn er zählt zu den härtesten Mineralen. Schließt man ihn jedoch in einen Glaswürfel ein, der die einfallenden Sonnenstrahlen bündelt, so wird sich selbst der härteste Smaragd innerhalb weniger Stunden verflüssigen. In vergleichbarer Weise können auch Sie Ihre geistig-seelische Energie bis zu einem solchen Grad bündeln, daß sie wahre Wunder vollbringt.

Wie Sie beim Lesen eines fesselnden Buches oder beim Anschauen eines spannenden Filmgeschehens nichts anderes im Sinn haben als das, womit Sie sich gerade beschäftigen, dürfen Sie beim Mentaltraining an nichts anderes als an Ihr Wunschziel denken. Sie sollten während des Mentaltrainings jedoch völlig entspannt sein. Sie brauchen sich willentlich gar nicht anzustrengen, wenn Ihr Wunsch nur groß genug ist. Ganz von allein wird er dann Ihre ganze Aufmerksamkeit beanspruchen, bis schließlich Ihr gesamtes Bewußtsein von ihm erfüllt ist. Voraussetzung dafür ist allerdings, daß Ihr Wunsch Ihnen wirklich dringend und wichtig genug ist.

Wenn Sie die segensreiche Wirkung konzentrierten und zielstrebigen Denkens bisher in Ihrem Leben noch nicht erfahren haben, so liegt das wahrscheinlich daran, daß Sie Ihre Wünsche nie klar erkannt, nie formuliert, nie energisch verfolgt haben. Nicht wenige Wirkungen, die wir kraft unseres Denkens ausgelöst haben, heben sich gegenseitig auf, weil einander widersprechende Wünsche deren Verwirklichung verhindern. Einem Wollen auf der einen Seite steht oft ein Zögern oder ein Zweifel auf der anderen Seite entgegen. Aufgrund zerstreuten Denkens und unsteter oder gar einander widersprechender Wunschvorstellungen lassen sich natürlich keine Wirkungen erzielen.

Machen Sie doch einmal die folgende einfache Übung: Entspannen Sie sich und vergegenwärtigen Sie sich einige Minuten lang genau, was Sie denken. Fragen Sie sich währenddessen immer wieder:

O Woran denke ich jetzt genau?
O Denke ich an das, was ich mir wünsche?
O Denke ich an Unerwünschtes?

Jeder unklare und störende Gedanke läßt sich bewußtmachen und durch einen klaren, aufbauenden Gedanken ersetzen.

Übung 3: Laserwirkung in sieben Etappen

Nehmen Sie ein Blatt Papier zur Hand und zeichnen Sie in die Mitte des Blattes einen schwarzen Punkt. Stellen oder hängen Sie das Blatt Papier so auf, daß Sie es im Pharaonensitz deutlich sehen können. Nehmen Sie nun den Pharaonensitz ein und schließen Sie die Augen. Im folgenden durchlaufen Sie nun sieben Etappen.

1. Sie verschaffen sich Klarheit über Ihr Ziel:
Zunächst müssen Sie sich Klarheit darüber verschaffen, was Sie eigentlich wollen. Zu diesem Zweck müssen Sie:
O sich Ihre wichtigsten Wünsche vergegenwärtigen;
O diese Wünsche ihrer »Dringlichkeitsstufe« entsprechend ordnen und Ihre ganze Aufmerksamkeit auf den stärksten dieser Wünsche richten;
O die verbale Wunschformulierung, die dazugehörigen Vorstellungsbilder und die emotionale Vorwegnahme der Wunscherfüllung in Übereinstimmung bringen, sie also gleichsam synchronisieren und bündeln.

2. Sie machen sich geistig leer:
Bevor Sie all Ihre Energie auf ein Ziel richten können, müssen Sie sich von allen störenden Gedanken und Gefühlen leer machen. Dies erreichen Sie mit Hilfe der Übung des Punktsehens (siehe Seite 91). Diesem Zweck dient auch das Blatt Papier, das Sie vor sich aufgehängt oder -gestellt haben.

3. Sie nehmen kosmische Energie auf:
Nun nehmen Sie freischwingende kosmische Energie auf, um mit dieser Ihren Wunsch aufzuladen. Dabei gehen Sie folgendermaßen vor: Sie werden sich des

gigantischen »Ozeans« an Energie bewußt, der Sie
ständig umgibt und Ihnen immer zur Verfügung
steht. Diese Energie lassen Sie jetzt bewußt in sich
hineinfließen. Sie stellen sich also ganz bildhaft vor,
wie Energie gleichsam durch einen Trichter in Sie
einfließt und Ihren Körper schon bald so vollkommen
erfüllt, daß Sie die Energie als Kribbeln oder als Wär-
meempfindung spüren.

*4. Sie vergegenwärtigen sich in aller Deutlichkeit die
    Erfüllung Ihres Wunsches:*
Das nächste Etappenziel erreichen Sie, indem Sie das
vorbereitete Bild des erwünschten Endzustandes in
Ihr Bewußtsein rufen und sich mit diesem Bild vollkommen erfüllen. Sie müssen sich deshalb das Bild
des Endzustandes plastisch vorstellen und es mit allen Sinnen wahrnehmen. Gleichzeitig lassen Sie innerlich die Worte »erklingen«, die den erwünschten
Endzustand optimal beschreiben. Bild und Wort bilden dabei eine Einheit, eine zwingende Information.
Sie befinden sich nun geistig im Zustand der Erfüllung Ihres Wunsches.

*5. Sie laden Ihr Wunschbild mit gebündelter Energie
    auf:*
Während Sie erfüllt sind von dem Bild der erwünschten Endsituation, leiten Sie nun die zuvor aufgenom-
mene kosmische Energie in Ihr Wunschbild hinein. In
Ihrer Vorstellung lassen Sie die gesamte in Ihnen angesammelte geistig-seelische Energie durch das
»Prisma« Ihres Geistes fließen, gebündelt zu einem
konzentrierten, kraftvollen Strahl. Diesen gebündelten Strahl lenken Sie auf das Vorstellungsbild des von
Ihnen gewünschten Endzustandes, von dem Sie ganz
erfüllt sind.

6. Sie erfüllen die Vorstellung des erfüllten Wunsches
   mit Gefühl:

Sie behalten nun dieses energiegeladene Wunschbild
für etwa fünf Minuten in aller Deutlichkeit in Ihrem
Bewußtsein, wobei Sie Ihre volle Konzentration auf
dieses Bild richten. Zugleich bereichern Sie Ihre Vorstellung um eine dritte Kraft: das Gefühl. Sie fühlen
sich von Freude und Dankbarkeit erfüllt, daß Ihr
Wunsch geistig in Erfüllung ging. Indem Sie so die
Verwirklichung Ihres Wunsches in Ihrer Vorstellung
und Ihrem Gefühl nach in aller Klarheit durchleben,
mobilisieren Sie Ihre gesamte Kraft auf die Verwirklichung Ihres Wunsches auch in der Realität Ihres Lebens.

7. Sie »senden« Ihre energiegeladene
   Wunschvorstellung in Ihre Umwelt aus:

Nachdem nun das Bild des gewünschten Endzustandes in Ihnen immer lebendiger und mächtiger geworden ist, geben Sie die von Ihnen entwickelte, energie-
und gefühlsgeladene Wunschvorstellung bewußt frei,
damit diese sich in der Welt verwirklichen kann. Sie
senden Ihr Wunschbild bewußt in Ihre Umgebung
aus, so daß die zur Verwirklichung Ihres Wunsches
notwendigen Umstände eintreten können.

Kapitel 6

Atmung und Lebensenergie

Richtig atmen muß gelernt sein

Dem deutschen »Atem« verwandte Wörter finden sich in den verschiedensten Sprachen. Das hinduistische Wort »Atman«, das »Seele« oder »göttliches Selbst« bedeutet, bezeichnet den »Lebensodem«, der dem Menschen eingehaucht ist. Im Altägyptischen lautet der Name des Ur- und Schöpfergottes »Atum«.

Zwar können wir einige Wochen lang ohne Nahrung auskommen und auch einige Tage ohne Wasser, ohne ausreichende Sauerstoffzufuhr können wir jedoch bestenfalls einige Minuten überleben. Und dennoch machen wir uns im allgemeinen nur wenig Gedanken über unsere Atmung. Wir sollten ihr jedoch größere Aufmerksamkeit schenken, denn wir atmen etwa fünfzehntausendmal pro Tag. Fünfzehntausendmal am Tag schöpft der Mensch also neue Lebenskraft, indem er atmet. Angesichts dieser Zahl ist es leicht zu verstehen, warum richtiges Atmen so wichtig für jeden Menschen ist. Wenn wir einen Fehler einmal machen, dann sind die daraus für unser Leben resultierenden Folgen im allgemeinen leicht zu ertragen. Wenn wir einen Fehler jedoch fünfzehntausendmal am Tag begehen, so müssen sich die Folgen im Laufe der Zeit sehr nachteilig bemerkbar machen. Daher lehren alle esoterischen, spirituellen und gesundheitsbewußten Traditionen, insbesondere die des Fernen Ostens, daß der Mensch zunächst das richtige Atmen lernen müsse, bevor er zu wahrer Gesundheit gelangen kann.

Den Lehren fernöstlicher Philosophie und Religion zufolge nehmen wir mit dem Atem nicht nur Sauerstoff auf, sondern zugleich auch kosmische Vitalkraft, das sogenannte Prana. Dieses Prana wird als die lebendige Urkraft angesehen, die alles Lebendige durchströmt und am Leben erhält. Wie der Sauerstoff unseren physischen Leib am Leben erhält, nährt Prana unseren feinstofflichen Leib. Diese Lebensenergie ist auch die Ursache für die unglaubliche Heilkraft richtigen Atmens. Ferner behaupten die meisten Kenner des Yoga, daß Prana die Energiezentren unseres Körpers, die sogenannten Chakras, speise und daß eine veränderte Qualität unserer Atmung auch eine veränderte geistig-seelische Haltung auslöse.

Daß seelische Vorgänge und Atmung zusammenhängen, zeigt sich auch schon in umgangssprachlichen Wendungen wie »Da bleibt mir die Luft weg!« oder »Hol' doch erst einmal tief Luft!«

Ein ängstlicher und eher passiver Mensch atmet normalerweise ziemlich flach und kaum merklich, wogegen ein mutiger und dynamischer Mensch eher tief und kraftvoll atmet. Aber nicht nur unsere geistige Haltung beeinflußt unsere Atmung, wir können mittels unserer Atmung auch unser Lebensgefühl, somit unsere Geistes- und Gefühlshaltung, verändern.

Die gesunde Tief- oder Vollatmung füllt nicht nur einen Teil der Lungen, sondern den gesamten Brustraum vom Zwerchfell bis in die Schulterspitzen. Daß die meisten von uns die natürliche rhythmische Vollatmung verlernt haben, ist ein eindeutiger Hinweis darauf, daß wir uns auch geistig-seelisch nicht im Gleichgewicht befinden, daß wir also unsere geistig-seelische und körperliche Harmonie verloren haben.

An der Atmung eines Menschen erkennt man untrüglich seine innere Haltung. Wer richtig atmet, ist gelassen und ruhig und befindet sich im Einklang mit sich selbst. Es lohnt sich deshalb für jeden von uns, die gesunde Vollatmung zu erlernen. Damit Sie wissen, welche Regeln Sie dabei zu berücksichtigen haben, möchte ich Sie nun mit den folgenden vier Schritten zur Erlernung der Vollatmung bekanntmachen:

1. Beobachten Sie Ihre Atmung:
Dies ist eine der grundlegenden Atemübungen des Yoga, und sie sollte daher mit der entsprechenden Ausdauer geübt werden.

Setzen oder legen Sie sich ruhig hin und beobachten Sie dann ganz entspannt, wie Ihr Atem ein- und ausströmt. Atmen Sie wie gewöhnlich, verbleiben Sie jedoch mit Ihrer Aufmerksamkeit unablässig bei Ihrem Atem. Sie werden schon bald feststellen, daß diese Übung Sie bereits ruhiger, gelassener und konzentrierter werden läßt.

2. Lassen Sie Ihren Atem behutsam immer tiefer in sich einströmen:
Nachdem Sie Ihre Atmung in Schritt 1 beobachtet haben, wissen Sie bereits, wie tief Ihr Atem in Ihre Lungen dringt. Lassen Sie Ihre Atmung nun behutsam und ganz allmählich tiefer werden. Wichtig ist in dieser Phase, daß Sie sich nicht anstrengen, sondern einfach den Atem in sich einströmen lassen. Überlassen Sie sich völlig passiv Ihrer Atmung. Es wird Ihnen eine Hilfe sein, wenn Sie möglichst tief ausatmen,

denn wenn Sie richtig ausgeatmet haben, wird der Atem ganz von selbst gelöst und frei wieder in Sie einströmen.

3. Lassen Sie Ihren Atem gleichmäßig fließen:
Nun kommt es darauf an, jede Anstrengung der Muskeln zu vermeiden, so daß es nicht zu Unregelmäßigkeiten in der Atmung kommt. Greifen Sie also nicht in den natürlichen Atmenrhythmus ein, sondern lassen Sie Ihren Atem möglichst von allein fließen. Vielleicht merken Sie jetzt, daß die Muskeln im oberen Lungen- und Schulterbereich ein wenig spannen. Das ist ganz natürlich, wenn sich Ihre Lungen in diesem Bereich lange nicht mehr ausgedehnt haben. Die Spannung verschwindet nach einiger Zeit der Übung von allein. Es kann in einzelnen Fällen allerdings nötig sein, eine Zeitlang bewußt tief einzuatmen, um diese Muskelpartien bewußt wahrzunehmen und zu lockern. Sie sollten dabei jedoch ganz entspannt sein, denn Ihre Atembewegungen sollen angenehm und befreiend wirken und niemals anstrengend sein.

4. Über die Qualität Ihrer Atmung können Sie selbst bestimmen:
Welche besondere Qualität Ihre Atmung haben soll, können Sie selbst, und zwar mit Hilfe Ihrer Vorstellungskraft, entscheiden. Stellen Sie sich zum Beispiel beim Einatmen vor, daß Sie Ruhe einatmen. Bei jedem Atemzug spüren Sie nun, wie zugleich mit der Luft Ruhe in Ihren Körper einströmt. Beim Ausatmen dagegen atmen Sie alle Unruhe aus. Sie können sich Ruhe und Unruhe zum Beispiel auch als zwei verschiedenfarbige Ströme vorstellen. Diese Übung ist einfach und außerordentlich wirkungsvoll.
Sie können mit dem Einatmen jedoch nicht nur die

Vorstellung der Ruhe verbinden, sondern auch jeden anderen Zustand beziehungsweise jede andere Qualität, denn Sie können die Schwingung der von Ihnen eingeatmeten Lebenskraft willentlich verändern. Zugleich mit dem Atem können Sie sich Gelassenheit, Wohlbefinden, Vitalität, Heilungsenergie, Zuversicht, Mut, Kraft und jede andere Qualität, die Sie Ihrem Atem verleihen wollen, zuführen.

Eine solche Atemsitzung sollte etwa fünfzehn bis zwanzig Minuten dauern, damit Sie den vollen Nutzen aus Ihren Übungen ziehen können. Je länger Sie üben und je intensiver Sie sich dabei konzentrieren, um so nachhaltiger wird auch die Wirkung sein. Sofern Sie richtig atmen, können Sie diese Übung beliebig lang ausdehnen; es wird Ihnen nur von Nutzen sein.

Erstaunlich mag Ihnen erscheinen, daß Sie Ihren Atem in jeden beliebigen Körperteil lenken können. Auch dazu bedienen Sie sich Ihrer Vorstellungskraft.

Eine der Auswirkungen dieser Übung ist ein deutlicheres Körperbewußtsein, das Sie mit Hilfe dieser Atemtechnik erlangen. Im Laufe der Zeit werden Sie das Gefühl entwickeln, mit Ihrem gesamten Bewußtsein Ihren Körper ganz auszufüllen. So können Sie das allgemeine Wohlbefinden und Ihre Selbstsicherheit steigern.

Eine andere Anwendungsmöglichkeit der Atemlenkung ist das gezielte Heilatmen, mit dessen Hilfe Sie Schmerzen sofort lindern und die Heilung bestimmter Leiden um ein Vielfaches beschleunigen können. Sie sollten sich beim Einatmen einfach vorstellen, daß Sie zugleich mit der Luft einen Strom kosmischer Energie in Ihren Körper einfließen lassen. Vielleicht stellen Sie sich diese Energie aber lieber als kosmisches Licht vor. Sehen Sie also mit Ihrem geistigen

Auge, wie sich Ihre Lunge mit diesem Licht anfüllt. Wenn Sie wieder ausatmen, lenken Sie in Ihrer Vorstellung den Lichtstrom in einen ganz bestimmten Körperteil. Wenn Sie zum Beispiel Schmerzen im Knie haben, so lenken Sie die Heilenergie in das entsprechende Knie. Nach einer Weile bemerken Sie dann in dem betreffenden Knie vielleicht eine erfrischende Kühle oder auch eine angenehme Wärme.

Es ist aber auch möglich und durchaus normal, daß Sie zunächst gar keinen besonderen Unterschied wahrnehmen. Fahren Sie dennoch gewissenhaft mit der Heilatmung fort, denn sie ist in jedem Fall wirksam. Sie sollte jeweils etwa zwanzig Minuten dauern und zweimal am Tag durchgeführt werden.

Sie können die Wirkung der Übung jedoch noch steigern, indem Sie sich beim Ausatmen vorstellen, daß Sie alle negativen Gedanken und Gefühle, die Sie krankgemacht haben, mit ausatmen. Wie Sie sich diesen Vorgang bildlich vorstellen, bleibt Ihrer eigenen Phantasie überlassen und hängt davon ab, welches Bild Sie selbst von Ihrer Krankheit haben.

Eine weitere Atemübung, die das Körperbewußtsein steigert, ist die »Porenatmung«. Stellen Sie sich doch bitte einmal vor, wie Sie beim Einatmen Luft und somit Lebenskraft nicht nur der Lunge zuführen, sondern wie Sie Lebenskraft durch jede Pore Ihrer Haut in sich aufnehmen, einem trockenen Schwamm vergleichbar, der Wasser aufsaugt. Wenn Ihnen diese Vorstellung nicht auf Anhieb gelingt, so konzentrieren Sie sich zunächst am besten auf bestimmte einzelne Zonen Ihres Körpers, um den Bereich der Porenatmung dann allmählich immer weiter auszudehnen.

Wenn Sie die »Hautatmung« schließlich beherrschen, können Sie diese Übung auch noch verstärken und in Ihrer Vorstellung alle Zellen Ihres Körpers in den Atemvorgang einbeziehen. Jede Zelle Ihres Körpers nimmt dann beim Einatmen Lebenskraft auf und wird beim Ausatmen von allen destruktiven Energien befreit.

Die erstaunlichen Auswirkungen der rhythmischen Vollatmung

Es ist tatsächlich erstaunlich, welche Vorteile die Anwendung der Vollatmung eröffnet: Falten lassen sich bis zu einem gewissen Grad »wegatmen«, die Hautfarbe des Gesichtes wird gesünder und kräftiger und ebenso die Hautfarbe des ganzen Körpers. Mit Hilfe bestimmter Atemtechniken können Sie Schmerzen beseitigen und Wunden schneller heilen lassen. Vergessen Sie jedoch nie, daß Schmerzen Alarmzeichen des Körpers sind und daher in jedem Fall Beachtung verdienen.

Seien Sie nicht verwundert, wenn die Schmerzen infolge der Heilatmung zunächst zunehmen. Die Ursache liegt darin, daß sich der solchermaßen Atmende besonders auf die schmerzende Stelle konzentriert, so daß er die Information »Schmerz« nun deutlicher wahrnimmt; nach einer Weile wird jedoch eine deutliche Schmerzlinderung eintreten.

Nach einer Operation oder während einer schmerzhaften Krankheit sollten Sie die Vollatmung ganz besonders gewissenhaft durchführen. Denn wenn Sie ohnehin schon im Bett liegen müssen, so sollten Sie die Gelegenheit nutzen, die Heilkräfte des Körpers nach besten Kräften zu unterstützen. Die Heilatmung beruht auf der Fähigkeit, die Lebensenergie, die Sie im Zuge des Atmens ständig aufnehmen und die normalerweise im ganzen Körper verteilt wird, vermöge der Kraft Ihrer Vorstellung und Konzentration zu bündeln und auf einen ganz bestimmten Bereich Ihres Körpers zu richten, so daß diese dort ihre Wirkung zum Segen Ihrer Gesundheit entfalten kann.

Doch können und sollten Sie auch schon bei erhöhter körperlicher oder geistiger Inanspruchnahme die Möglichkeit der bewußten Aufladung mit Lebenskraft dazu nutzen, sich mit neuer Vitalität zu erfüllen und Ihre Leistungsfähigkeit zu steigern.

So können Sie sich mit Vitalkraft aufladen

Hinduistische Philosophie und Religion haben, wie schon erläutert wurde, die alles durchdringende kosmische Lebensenergie oder Vitalkraft als »Prana« bezeichnet und den Zusammenhang, der zwischen dieser Lebenskraft und richtiger Atmung besteht, offengelegt. Tatsächlich läßt sich die Aufladung mit Prana, das unsere Lebensfunktionen in Gang hält, durch geeignete Atemtechniken bewußt verstärken.

Machen Sie die folgende Übung: Nehmen Sie eine aufrechte Sitzhaltung ein und lassen Sie Ihre Atmung immer tiefer werden. Dabei stellen Sie sich bildhaft vor, wie sich Prana in Ihrem Körper ansammelt. Ich spüre dies, wenn ich diese Übung mache, so, als ob eine kühle Flüssigkeit, bei den Füßen beginnend, immer höher in mir aufstiege; nach zwei bis drei Minuten füllt sie meinen ganzen Körper aus und tritt am Scheitel aus meinem Kopf aus.

Wichtig ist dabei, eine positive Erwartungshaltung einzunehmen. Wiederholen Sie daher, am besten laut, immer wieder: »Die Vitalkraft Prana fließt jetzt in mich hinein. Ich spüre, wie Lebenskraft jetzt in mich

einströmt.« Diese Formel wiederholen Sie so lange,
bis Sie ein »Kribbeln« im Nacken oder in den Hand-
flächen, ein kühles »Fließen« in der Wirbelsäule oder
ein anderes Zeichen der Kraft verspüren.

Sie können den Fluß der Energie wie folgt beschleunigen: Sie atmen zunächst aus. Beim Einatmen
heben Sie dann beide Arme senkrecht über den Kopf,
und beim Ausatmen ziehen Sie die Arme mit geballten Fäusten kraftvoll, aber langsam herunter vor die
Brust. Beim neuerlichen Einatmen strecken Sie die
Arme dann wieder nach oben und ziehen sie beim
nächsten Ausatmen mit geballten Fäusten vor die
Brust zurück.

Manche Menschen ziehen eine Variante dieser
Übung vor: Sie halten die Arme angewinkelt mit lok-
keren Fäusten vor der Brust, so daß die Unterarme
einander berühren, und atmen ein. Wenn Sie das tun,
weitet sich Ihr Brustkorb, Ihre Fäuste und Ellbogen
gehen leicht auseinander. Beim Ausatmen führen Sie
Ihre Ellbogen dann wieder kraftvoll und mit angespannten Muskeln vor der Brust zusammen, wobei
auch die Fäuste wiederum fest geballt werden. Auf
diese Weise mobilisieren Sie ein Optimum an Vital-
energie, die sich auf Ihren ganzen Organismus über-
trägt.

Nach welcher Methode Sie immer arbeiten, klar
sollte sein: Die Pranaaufladung muß sich immer in
zwei Schritten vollziehen. Zunächst übernimmt Ihr
Wachbewußtsein die Kontrolle über die Atmung, deren Steuerung normalerweise dem Unterbewußtsein
obliegt. Sie beginnen also, bewußt kräftiger und tiefer
zu atmen. Dabei erwarten Sie unbeirrbar, daß dadurch Ihre Vitalkraft zunimmt und sich auf Ihren Organismus günstig auswirkt. Diese Erwartungshaltung
veranlaßt wiederum Ihr Unterbewußtsein, das ja alle

unwillkürlichen Lebensfunktionen steuert, den Stoffwechsel im Körper zu beschleunigen und nicht nur die Atmung, sondern auch Herztätigkeit, Verdauung, kurz: alle lebenswichtigen Vorgänge anzuregen und zu fördern.

Sie können die Aufladung mit Prana aber auch unterstützen, wenn Sie sich während des Atmens eine anstrengende sportliche Tätigkeit (Laufen, Rudern, Gewichtheben) vorstellen oder eine solche Aktivität sogar in einigen Bewegungen andeuten. Sie werden schon recht bald deutlich spüren, wie Ihr Körper sich mit der so mobilisierten Vitalkraft füllt. Manche Menschen empfinden diesen Zustrom als Wärme oder als Kribbeln, andere wiederum wie das Aufsteigen einer kühlen Flüssigkeit.

Wichtig ist jedoch, daß die bei dieser Übung vorgestellte Tätigkeit anstrengend ist und Sie während der entsprechenden Vorstellung tiefer atmen. Die vertiefte Atmung erhöht die Sauerstoffzufuhr, deshalb kann wiederum mehr Blutzucker umgesetzt werden. Benutzen Sie stets die gleichen Vorstellungsbilder. Auf diese Weise wird im Laufe der Zeit Ihr Unterbewußtsein entsprechend geprägt und reagiert, sobald Sie tiefer atmen, sofort in aufbauender Weise.

So können Sie nicht nur Ihre Vitalität und Leistungsfähigkeit steigern, sondern auch beispielsweise die Heilung von Krankheiten wesentlich beschleunigen.

Die Aufladung nun auch der von Ihnen vorbereiteten Wunschvorstellung mit Prana ist ein wichtiger Aspekt des Mentaltrainings. Wie Sie dabei vorgehen sollen, werde ich in der am Ende dieses Kapitels beschriebenen Übung erläutern.

Doch zuvor möchte ich an dieser Stelle gleichsam eine kleine Pause einschalten. Zweifellos mag so manches, das Sie in diesem Buch erfahren haben, für Sie erstaunlich sein und, wenn Sie sich selbst als einen kritischen Geist einschätzen, Sie als kaum noch glaubwürdig anmuten. Nun: Es ist sehr gut, ein kritischer Geist zu sein. Noch besser aber ist es, ein erfolgreicher und glücklicher Mensch zu sein!

Tatsächlich sind die hier Schritt für Schritt erklärten Techniken so einfach, daß sie, wie ich schon im ersten Kapitel dieses Buches sagte, jedes Kind verstehen könnte; und darin gerade liegt die einzige – und keine geringe – Schwierigkeit für Sie: Sie müssen zur Überzeugung finden, mit so einfachen Mitteln so große Wirkungen erzielen zu können, und das Mentaltraining in die Praxis umsetzen!

Gültiges ist immer einfach. Dazu gehört beispielsweise das so einfache wie auch erstaunliche Wort aus dem Markusevangelium: »Alle Dinge sind möglich dem, der da glaubt.« Einem kritischen Geist wird das kaum einleuchten – und dennoch ist die psychologische Wahrheit dieses Lehrwortes Jesu bestechend und von tausenden Menschen, die diesen Glauben hatten, im Leben erfahren worden ...

Auch was ich Ihnen im folgenden empfehlen möchte, hat seinen Wert nicht aufgrund vieler erklärender Worte, sondern infolge einer Erfahrung, die ich und zahlreiche andere Menschen gemacht haben – und die auch Sie machen können. Es handelt sich um ein einfaches Experiment.

Kaufen Sie zwei gleichartige Pflanzen, am besten Blumen, die sich in Wuchs und Größe annähernd gleichen. Behandeln Sie in der Folgezeit beide Blumen gleich. Pflanzen Sie sie also in die gleiche Erde, geben Sie ihnen den gleichen Dünger und die gleiche Menge Wasser. Stellen Sie beide Pflanzen auch an die gleiche Stelle, damit sie die gleiche Menge Licht bekommen.

Der einzige Unterschied in der Behandlung der beiden Pflanzen soll sein, daß Sie die eine täglich ein- oder mehrmals mit Prana aufladen. Zu diesem Zweck müssen Sie zunächst sich selbst mit Prana aufladen und die in Ihnen mobilisierte Vitalkraft, vermittelt durch Ihre Hand, an die Pflanze weiterleiten. Dabei genügt schon, wenn Sie die Hand über die entsprechende Pflanze halten und vermöge Ihrer Willenskraft bewußt Prana übertragen.

Wie Sie auch im einzelnen vorgehen mögen, bereits nach einigen Wochen werden Sie bemerken, daß die unbehandelte Pflanze normal gewachsen, die mit Prana aufgeladene hingegen wesentlich größer und schöner geworden ist und daß sie auch länger blüht. Prana ist Lebensenergie, deren Vitalkraft sich selbst in der auf Pflanzen übertragenen Wirkkraft zeigt.

Übung 4: Die Aufladung des Wunschbildes mit Vitalkraft

Laden Sie sich nun mit Hilfe der im vorstehenden Abschnitt aufgezeigten Techniken mit der Vitalkraft Prana auf, bis Sie diese Aufladung körperlich als Kühle, Wärme oder Kribbeln verspüren.

Nehmen Sie dann den Pharaonensitz ein. Schalten Sie zur Erhöhung Ihrer Konzentration Ihre Gedanken und Gefühle ab, lassen Sie für etwa dreißig Sekunden völlige innere Stille eintreten. Danach rufen Sie sich das von Ihnen geschaffene Wunschbild vor Ihr geistiges Auge. Dann lenken Sie die angesammelte Energie auf den erwünschten Endzustand und konzentrieren diese auf die Vorstellung, in der Sie Ihren Wunsch in Wort und Bild fixiert haben. Wäh-

rend Sie ruhig weiteratmen, denken Sie einige Sekunden lang an den erwünschten Endzustand und
sehen dabei diesen Zustand möglichst bildhaft und
plastisch vor sich. Dann lassen Sie das Vorstellungsbild los, bevor es Ihnen von selbst entschlüp-
fen kann, um es dann jedoch sofort wieder für
einige Sekunden aufzugreifen und festzuhalten. Dieses gleichsam pulsierende Denken wiederholen Sie
einige Minuten lang, bis eine innere Gewißheit
Ihnen sagt, daß die Arbeit getan ist. Der Schöp-
fungsakt ist beendet.

Sie sind nun ganz sicher, daß Sie die Erfüllung
Ihres Wunsches verdient haben, und sehen und erleben sich bereits voll Freude und dankbar in dem erwünschten Endzustand.

Wenn Sie all Ihre Energie in Ihr Vorstellungsbild
hineingeleitet haben, kann es passieren, daß Sie sich
anschließend »leer« fühlen. Diesen Zustand können
Sie beenden, indem Sie sich von neuem mit der Vitalkraft Prana aufladen, diese dann jedoch nicht an Ihr
Wunschbild »weiterleiten«.

Eine andere Soforthilfe zur Wiederaufladung ist die
sogenannte Laotse-Atmung: Sie atmen zunächst ganz
aus, atmen dann ganz ruhig und tief ein und geben
den Atem beim neuerlichen Ausatmen in kleinen
Schüben ab – wie ein Kind, das Lokomotive spielt. Mit
ein wenig Übung werden Sie imstande sein, bei ein-
maligem Ausatmen etwa dreißig »Schübe« zu produzieren; denn die Übung umfaßt nur einen einzigen
Atemzyklus.

Wenn Sie die Übung mehrfach hintereinander
machen, erreichen Sie genau das Gegenteil der erwünschten Wirkung; Sie sollten sie daher nicht vor
Ablauf von ein bis zwei Stunden wiederholen.
Wenn Sie sich jedoch an die von mir vorstehend

beschriebene Regel halten, so werden Sie sich nach
Anwendung der Laotse-Atmung stets frisch und
klar fühlen.

Kapitel 7

Schöpferisches Bewußtsein und Wunscherfüllung

Wie Sie in den Zustand schöpferischen Bewußtseins gelangen

Das Ziel des Mentaltrainings ist in erster Linie die Verwirklichung einer von Ihnen selbst in Wort und Bild fixierten und mit Energie und Gefühl aufgeladenen Wunschvorstellung. Diese stellt die geistige Vorwegnahme des von Ihnen erstrebten Endzustandes dar.

Unser Intellekt ist nicht selten ein Störfaktor, der uns an der Verwirklichung innerer Wunschbilder hindert; denn unsere Vernunft zweifelt an vielem und blockiert auf diese Weise den Erfolg. Wir können unseren Intellekt jedoch »überlisten«, indem wir alle Maßnahmen, die der Wunscherfüllung dienen, in einem besonderen Zustand herabgesetzten Bewußtseins vornehmen, den ich als »schöpferischen Bewußtseinszustand« bezeichnen möchte.

Der schöpferische Bewußtseinszustand entspricht dem sogenannten Alpha- beziehungsweise Thetazustand, also einer Hirnstromfrequenz zwischen sieben und vierzehn Hertz (Alphazustand) oder, noch tiefer, zwischen dreieinhalb und sieben Hertz (Thetazustand).

Bevor Sie sich jedoch in diesen Zustand versetzen,

sollten Sie sich ganz bewußt an eine angenehme Situation erinnern, die Sie in letzter Zeit erlebt haben, und diese geistig noch einmal durchleben. Auf diese Weise bereiten Sie sich geistig auf den angestrebten veränderten Bewußtseinszustand vor, denn wenn wir an etwas Angenehmes denken, fällt es uns leichter, den Streß und die Sorgen des Alltags für eine Weile zu vergessen und uns vollständig auf unser Ziel zu konzentrieren.

Wenn Sie entspannt sind, gelangen Sie ganz von selbst in den schöpferischen Bewußtseinszustand, wobei es hilfreich ist, mit geschlossenen Augen in einem Winkel von etwa zwanzig Grad nach oben zu schauen. Diese Augenhaltung allein veranlaßt schon Ihr Gehirn, Alphawellen zu produzieren. Das Nach-oben-Schauen wird Ihnen leichterfallen, wenn Sie mit Ihrem Zeigefinger die Nasenwurzel, also die Stelle zwischen den Augen, berühren.

Sollten Sie sich bereits entspannt und dennoch das Gefühl haben, daß nichts Besonderes passiert sei, so liegt das vermutlich daran, daß Sie schon zuvor im Zustand des schöpferischen Bewußtseins gewesen sind. Üben Sie dennoch beharrlich weiter, denn durch Übung erreichen Sie im Laufe der Zeit immer tiefere Entspannungszustände.

Leiten Sie den Zustand herabgesetzten Bewußtseins jedesmal mit Hilfe der gleichen Methode ein und beenden Sie ihn auch immer auf die gleiche Weise; dann wird Ihr Unterbewußtsein Sie nach einiger Zeit ganz automatisch unterstützen und den zur Entspannung notwendigen Zustand von allein einleiten.

Im schöpferischen Bewußtseinszustand werden Ihnen innere Bilder, zum Beispiel Erinnerungen, wesentlich plastischer und realistischer erscheinen als im Wach- oder Tagesbewußtsein. Dies ist auch einer der wesentlichen Gründe dafür, warum Sie »geistige Schöpfungen« – jeder intensive Wunsch ist eine geistige Schöpfung – nur in diesem Entspannungszustand vornehmen sollten. Nur so ist gewährleistet, daß Ihnen Ihr Wunschbild so realistisch erscheint, daß Sie sich mit diesem identifizieren und Ihren Wunsch als verwirklicht vorwegnehmen können.

Es gibt jedoch noch einige andere Gründe dafür, warum der schöpferische Bewußtseinszustand der Wunscherfüllung sehr zuträglich ist.

Was der Zustand schöpferischen Bewußtseins Ihnen bietet

Solange Sie sich vor Beginn des Mentaltrainings nur körperlich entspannen, kann dieses seine volle Wirksamkeit noch nicht erreichen. Wichtiger ist es, daß Sie in jene geistige Wirklichkeit eintreten, in der jegliche schöpferisch gestaltende Aktivität stattfindet.

Die Gestaltung des eigenen Schicksals und die bewußte Organisierung der eigenen Zukunft sind geistig-seelische Prozesse und müssen daher auf der Ebene der geistig-seelischen Ursachen vollzogen werden. Diese Realität innerer Erfahrung ist genauso real wie die materielle Wirklichkeit, in gewisser Hinsicht – wenn man das Trugbild der Erscheinungswelt bedenkt – sogar realer. Zwar verursacht und bewirkt unser Denken immer etwas; doch was wir bewußt im Zustand schöpferischen Bewußtseins »aussäen«, ist nicht nur beiläufig Gedachtes und kommt in unserem Leben, in unserer Welt zur Geltung.

Nur im Zustand schöpferischen Bewußtseins kommt auch der Kontakt zum Unterbewußtsein mit seinen fast unbegrenzten Möglichkeiten zustande. In diesem Zustand nimmt unser Unterbewußtsein auf, was wir ihm bewußt einprägen, und es geht für den einzelnen nicht mehr nur um ein »Bedenken« des erwünschten Endzustandes oder um die bloße Konzentration auf diesen. Schöpferisch richtet der Mensch nun seine inneren Sinne auf seinen tiefsten Wunsch und »bewegt ihn in seinem Herzen«. Wie das Unterbewußtsein arbeitet und was es bewirkt, wird im folgenden Abschnitt zur Sprache kommen.

Ein weiterer Vorteil des schöpferischen Bewußtseinszustandes ist es, daß der Mensch in diesem Zustand unfähig ist, etwas Böses oder gar Zerstörerisches zu tun. Wenn Ihnen diese Behauptung unglaubwürdig erscheint, so können Sie sie jederzeit überprüfen: Versuchen Sie doch einmal, wenn Sie sich im schöpferischen Bewußtseinszustand befinden, bei einem anderen Menschen Kopfschmerzen hervorzurufen. Mit Sicherheit wird Ihnen das nicht gelingen! Wahrscheinlich werden Sie in einem solchen Fall selbst Kopfschmerzen bekommen und nicht der, dem Sie sie zugedacht haben, denn sobald Sie die Kräfte Ihres schöpferischen Bewußtseins mißbrauchen wollen, werden Sie aus dem schöpferischen Zustand »herausfallen«, oder aber die von Ihnen ausgesandte zerstörerische Kraft kehrt sich sofort gegen Sie selbst.

Sobald Sie sich das notwendige Wissen über die richtige Vorbereitung der geistigen Arbeit angeeignet und die entsprechenden Übungen gewissenhaft durchgeführt haben, können Sie dazu übergehen, das Mentaltraining selbst zu praktizieren und dessen Wirkungen an sich selbst zu erfahren. Dazu bedürfen Sie jedoch der »Mitwirkung« Ihres Unterbewußtseins; denn in Ihrem Unterbewußtsein liegt der Schlüssel zur Verwirklichung Ihrer Wünsche.

Machen Sie sich Ihr Unterbewußtsein zum »Freund«

Das Unterbewußtsein ist die Schaltzentrale unserer unbewußten Körperfunktionen und Sitz unserer Emotionen und Erinnerungen. Wenn Sie die Fähigkeiten dieses »inneren Helfers« zu nutzen wissen, haben Sie sich ein ungeheures Potential erschlossen. Das menschliche Bewußtsein ist mit einem Eisberg vergleichbar, wobei das Wach- oder Tagesbewußtsein nur der sichtbaren Spitze des Eisbergs entspricht. Unsere elementarsten Geistes- und Seelenfunktionen spielen sich jedoch unterhalb der Bewußtseinsschwelle sozusagen im dunkeln ab.

Durchschnittlich nutzen wir nicht mehr als etwa zwanzig Prozent unseres gesamten geistig-seelischen Potentials und verzichten somit auf die Entwicklung zahlreicher, für unser Lebensglück entscheidender Fähigkeiten und Kräfte.

Wenn Sie die Fähigkeiten Ihres Unterbewußtseins zu nutzen wissen, können Sie beispielsweise einen Schmerz so lange abstellen, bis Sie Gelegenheit finden, einen Arzt aufzusuchen. Sie können Ihr Unterbewußtsein wie einen »inneren Wecker« benutzen, so daß Sie jeden Morgen pünktlich aufwachen oder sich tagsüber an einen wichtigen Termin erinnern. Und Sie können sich auf körperliche und geistige Hochform »programmieren«, indem Sie Ihrem Unterbewußtsein aufbauende Suggestionen eingeben.

Die Möglichkeiten der Nutzung Ihres Unterbewußtseins sind nahezu unbegrenzt. Wie aber können Sie den Kontakt zu Ihrem Unterbewußtsein herstellen? Die Lösung ist ganz einfach:

Begeben Sie sich mit Hilfe der Ihnen am meisten zusagenden Entspannungsmethode in den schöpferi-

schen Bewußtseinszustand und beginnen Sie, mit
Ihrem Unterbewußtsein in der gleichen Weise zu
sprechen, wie Sie es mit einem alten Freund tun würden.

Das Unterbewußtsein ist zwar keine Persönlichkeit
im eigentlichen Sinn, und doch hat sich gezeigt, daß
man mit dem eigenen Unterbewußtsein in eine gleichsam personale Beziehung eintreten kann.

Fragen Sie deshalb Ihr Unterbewußtsein zunächst
nach seinem Namen. Fragen Sie jedoch nicht: Wie ist
dein Name? Ihr Unterbewußtsein hat ja keinen Eigen-
namen. Fragen Sie statt dessen lieber: Wie soll ich
dich nennen, bei welchem Namen soll ich dich nennen, mit welcher Bezeichnung soll ich dich ansprechen? Laß diesen Namen jetzt bitte in mein Bewußtsein aufsteigen.

Entspannen Sie sich dann und versuchen Sie nicht,
bewußt einen Namen zu finden. Jede Anstrengung bewirkt in diesem Zusammenhang nur das Gegenteil
dessen, was Sie eigentlich erreichen möchten. Bleiben
Sie also innerlich ganz ruhig und erwarten Sie nichts
Bestimmtes, unterwerfen Sie sich keinem Erfolgs-
zwang. Sie brauchen sich wirklich nicht bewußt einen
Namen auszudenken; Ihr Unterbewußtsein wird
Ihnen von sich aus den von ihm gewählten Namen
mitteilen. Vielleicht steigt dieser Name plötzlich in Ihr
Bewußtsein, vielleicht hören Sie ihn aber auch nur
tief innerlich. Es ist jedoch auch möglich, daß vor
Ihrem inneren Auge plötzlich ein Schriftzug auf-
taucht oder eine Ihnen bekannte Persönlichkeit, mit
der sich Ihr Unterbewußtsein identifiziert. Einer meiner Bekannten tauchte kurz vor dem Einschlafen das
Bild eines Engels auf; seither spricht sie mit ihrem
»Engel«.

Wenn Sie den gewünschten Namen empfangen haben, sollten Sie Ihrem Unterbewußtsein mitteilen, daß Sie sich über seine Kooperation freuen und diese Zusammenarbeit künftig beibehalten möchten.

Es ist jedoch durchaus möglich, daß es eine Zeitlang dauert, bis sich Ihr Unterbewußtsein »zu Wort« meldet. Vermutlich haben Sie sich bisher nur sehr wenig um Ihr Unterbewußtsein gekümmert. Wenn Sie sich jedoch jahrelang oder ein Leben lang nicht um die Kooperation Ihres stillen inneren Helfers bemüht haben, so ist es ganz natürlich, daß es eine Weile dauert, bis die Zusammenarbeit eingespielt ist.

Bedenken Sie jedoch bei allem, was Sie tun: Ihr Unterbewußtsein ist nicht Ihr Sklave, sondern Ihr Freund!

Das Unterbewußtsein geht auf barsche Befehle nicht ein. Einem Freund erteilt man keine Befehle, sondern man bittet um etwas, und man bietet eine faire Zusammenarbeit an. Man versucht, ihn davon zu überzeugen, daß eine Zusammenarbeit zum beiderseitigen Vorteil ist. Entsprechend sollten Sie auch mit Ihrem neuen inneren »Freund« verfahren. Nehmen Sie den Kontakt behutsam auf und erwarten Sie nicht gleich am Anfang schon Wundertaten von seiner Seite.

Sie können aber schon einmal einen kleinen Test anstellen. Entspannen Sie sich und bitten Sie Ihr Unterbewußtsein um die genaue Uhrzeit. Kontrollieren Sie das Ergebnis im »Wachzustand« sofort nach. In den meisten Fällen wird dieser Test schon auf Anhieb positiv verlaufen.

Machen Sie sich jedoch nichts daraus, wenn der Versuch nicht gleich beim erstenmal schon erfolgreich verlief.

Es dauert eben einige Zeit, bis der Kontakt zu Ihrem Unterbewußtsein wirklich eingespielt ist, und

Übung macht auch in dieser Hinsicht erst den Meister.

Wenn jedoch der Kontakt zu Ihrem Unterbewußtsein erst einmal hergestellt ist, so können Sie sich von diesem auch seine »Gestalt« zeigen lassen. Seine Erscheinungsweise läßt dann natürlich auch Rückschlüsse darüber zu, wie es behandelt werden möchte. Offenbart es sich als Weiser, so sollten Sie ihm auch den nötigen Respekt bezeigen. Erscheint es hingegen als verspieltes Kind, so müssen Sie es auch dementsprechend behandeln. Je besser die Zusammenarbeit und je tiefer das »gegenseitige« Verständnis, um so erfreulicher werden auch die Ergebnisse der Zusammenarbeit ausfallen.

So gewinnen Sie die Unterstützung Ihres Unterbewußtseins

Unser Unterbewußtsein »denkt« zwar nicht logisch im Sinne unseres analytischen Verstandes, es hat jedoch aufgrund aller je empfangenen und in ihm gespeicherten Eindrücke seine eigene Logik, die auf die ihr eigentümliche Weise absolut richtig ist. Im übrigen nimmt unser Unterbewußtsein alle »Botschaften« wörtlich. Daher hat es auch eine sehr eigene Meinung von dem, was ist oder zu geschehen hat. Grundsätzlich gilt für das Unterbewußtsein das Prinzip: Sein Eindruck entscheidet. Es geht von gespeicherten Erfahrungen aus und widersetzt sich oft den Argumenten unserer Logik.

Aus diesem Grund kann es passieren, daß Ihr Unterbewußtsein, wenn Sie es mit rationalen Argumenten umstimmen möchten, auf seinem Standpunkt beharrt und sich einer Zusammenarbeit zunächst verweigert. Deshalb ist es so wichtig, daß Sie Ihren neuen Freund nicht wie einen Sklaven behandeln und nicht ständig versuchen, diesen Freund mittels immer neuer Suggestionen zur Mitarbeit zu zwingen, sondern sich bemühen, ihn von dem Sinn und Nutzen Ihres jeweiligen Vorhabens zu überzeugen.

Schildern Sie ihm deshalb Ihre Wünsche in den leuchtendsten Farben und erklären Sie ihm, welche Vorteile Ihnen »beiden« aus einem Erfolg erwachsen würden. Besonders leicht beeindrucken läßt sich das Unterbewußtsein vom gesprochenen, geschriebenen oder gedruckten Wort. Wenn Sie ihm Ihre Wünsche also besonders eindringlich vermitteln wollen, so schreiben Sie auf, wie der gewünschte Endzustand aussehen soll; überarbeiten Sie dann das Geschriebene gründlich und lesen Sie sich den entsprechenden Text laut und deutlich selbst vor. Nur wenn Ihr Unterbewußtsein Ihren Wunsch voll und ganz mitträgt, können Sie auch Erfolg haben. Darum müssen Sie Ihren »besten Freund« auf Ihre Seite bringen.

Natürlich ist es wichtig, daß Sie sich Ihres Wunsches vollkommen sicher sind und einen unbedingten Drang, ihn zu verwirklichen, verspüren. Nur »ein klein wenig« zu wünschen, reicht als Motivation nicht aus; Sie müssen Ihr Ziel von ganzem Herzen anstreben. Ihr Unterbewußtsein bemerkt jede diesbezügliche Unsicherheit sofort und fühlt sich infolgedessen auch selbst verunsichert.

Wenn Ihr Unterbewußtsein Sie besonders »tatkräftig« unterstützt hat, so vergessen Sie nicht, ihm dafür auch ein entsprechendes Lob zu zollen. Belohnen Sie sich selbst, also auch Ihr Unterbewußtsein, indem Sie sich beispielsweise einen Kinobesuch oder ein besonders wohlschmeckendes Essen gönnen.

Applaudieren Sie Ihrem Unterbewußtsein gelegentlich auch einmal, sei es im Geiste oder auch real. Vielleicht verleihen Sie ihm für seine Leistungen sogar einen imaginären Orden. So spornen Sie sich selbst und Ihr Unterbewußtsein an, auch in Zukunft produktiv zusammenzuarbeiten. Sagen Sie daher, wann immer Sie Grund dazu haben: Wunderbar, das hast du ganz großartig gemacht. Ich danke dir, das war wirklich eine gute Arbeit!

Bedienen Sie sich eines »Auslösers«

Sicherlich wissen Sie aus eigener Erfahrung, daß eine Bewegung, die Sie des öftern ausführen, nach einer gewissen Zeit ganz automatisch abläuft. Der gleiche »Mechanismus« gilt auch für die Arbeit mit dem Unterbewußtsein.

Wenn Sie Ihren Entspannungszustand und die Kontaktaufnahme mit Ihrem inneren Helfer immer mit dem gleichen Ritual, also immer auf die gleiche Weise einleiten, so wird sich im Laufe der Zeit ein bedingter Reflex entwickeln, der die Kontaktaufnahme mit Ihrem Unterbewußtsein erheblich beschleunigt. Denn Ihr Unterbewußtsein gewöhnt sich an bestimmte Rituale.

Benutzen Sie daher möglichst immer die gleiche Methode der Einleitung Ihrer Entspannung, so daß es schließlich nur noch einer unmerklichen Geste bedarf, um Sie in den Zustand der Entspannung zu versetzen. Diese Geste, der »Auslöser«, sollte natürlich in den üblichen Bewegungsabläufen Ihres Alltags nicht vorkommen, damit Sie nicht während Ihrer täglichen Routine plötzlich müde und entspannt werden, weil Sie sich aus Versehen Ihren Auslöser »geleistet« haben.

Der Anschaulichkeit halber möchte ich Ihnen nun einmal drei derartige Auslösermechanismen vorstellen. Sie können sich natürlich nach Belieben auch andere Auslöser ausdenken.

1. Sie sprechen dreimal laut die zwei Silben Ki-Ai vor sich hin.
2. Sie legen die Spitzen von Daumen, Zeige- und Mittelfinger zusammen.
3. Sie pressen einen Finger auf den Punkt zwischen Ihren Augen und zählen bei voller Konzentration rückwärts von drei bis eins.

Je öfter Sie Ihr Unterbewußtsein mit dem von Ihnen gewählten Auslöser bekanntmachen, um so besser werden natürlich die Ergebnisse ausfallen. Ändern Sie darum, wenn Sie sich einmal für einen bestimmten Mechanismus entschieden haben, an dem entsprechenden Ablauf nichts mehr, da Sie andernfalls die Wirkung Ihres Auslöser beeinträchtigen.

Sie sollten sich außerdem, solange Sie im Umgang mit Ihrem Unterbewußtsein noch nicht besonders geübt sind, jeweils tief entspannen, bevor Sie versuchen, Kontakt mit Ihrem »besten Freund« aufzunehmen, damit dessen Aufmerksamkeit nicht von anderen Dingen abgelenkt wird. Sobald Sie jedoch einmal durch Gewöhnung einen festbegründeten Kontakt zu Ihrem Unterbewußtsein hergestellt haben, werden Sie – ohne vorhergehende Entspannung – auch im Wachzustand fähig sein, diese Verbindung zu Ihrem eigenen Nutzen zu aktivieren.

Übung 5: Die Kontaktaufnahme mit dem Unterbewußtsein

1. Begeben Sie sich mit Hilfe Ihrer bevorzugten Entspannungsmethode in den schöpferischen Bewußtseinszustand.*

2. Wenden Sie sich dann mit einigen freundlichen Worten an Ihr Unterbewußtsein und behandeln Sie es wie einen guten Freund.

3. Bitten Sie es um Auskunft darüber, mit welchem Namen es von Ihnen angesprochen werden möchte. Lassen Sie sich auch seine Gestalt zeigen.

4. Bedanken Sie sich anschließend bei Ihrem Unterbewußtsein für seine Kooperationsbereitschaft und bereiten Sie es zugleich darauf vor, daß Sie mit ihm in ständigem Kontakt bleiben wollen.

5. Verabschieden Sie sich dann von Ihrem stillen Helfer. Zählen Sie langsam von eins bis zehn und beenden Sie die Sitzung.

---

* Es ist klar, daß Sie, bevor Sie sich entspannen, eine dazu geeignete Körperhaltung einnehmen und die in Kapitel 6 beschriebene Vollatmung praktizieren müssen. Ich werde deshalb auf diese Formalien nachfolgend nicht mehr eigens hinweisen.

Kapitel 8

Das Unterbewußtsein – Helfer und Ratgeber

Ihre geistig-seelischen Kräfte sind immens

Sie haben im vorstehenden Kapitel bereits erfahren, daß die schier unerschöpflichen Möglichkeiten des menschlichen Geistes noch lange nicht vollständig erforscht sind und wir daher unsere Fähigkeiten bisher nur zu einem Bruchteil nutzen. Außerdem habe ich Ihnen empfohlen, die Fähigkeiten und Kräfte Ihres Unterbewußtseins nicht länger zu ignorieren, denn diese sind immens.

Es gibt Menschen, die vermöge ihrer geistig-seelischen Kraft die unglaublichsten Wirkungen erzielen. So sind manche imstande, barfuß über einen rotglühenden Kohlenteppich zu gehen, und bleiben völlig unversehrt. Andere heilen kraft Geistes Kranke. Wieder andere, eher schwächliche Menschen, vermögen plötzlich viele Zentner schwere Lasten zu heben.

Die Phänomene der Beeinflussung der Materie oder materieller, auch biologischer Prozesse kraft Geistes sind heutzutage unter dem Fachbegriff Psychokinese (PK) Forschungsgegenstand der wissenschaftlichen Parapsychologie wie andererseits die Phänomene der außersinnlichen Wahrnehmung (ASW), also des Informationsempfangs ohne Mitwirkung der klassischen Sinne (Telepathie und Hellsehen). In Reihenversuchen, die unter strengkontrollierten Laborbedingungen durchgeführt wurden, ließ sich nachweisen, daß sich zum Beispiel der Fall eines maschinell ausgestoßenen Würfels auf eine bestimmte Augenzahl hin kraft Geistes beeinflussen läßt. Professor JOSEPH BANKS RHINE, der amerikanische »Altvater« der Parapsychologie, hat an der Duke-Universität in Durham Tausende solcher Würfeltests durchgeführt und mit zahlreichen Versuchspersonen »signifikante« Ergebnisse, das heißt erstaunlich hohe Trefferquoten, erzielt. Bei all diesen Phänomenen – sowohl der Psychokinese als auch der außersinnlichen Wahrnehmung – sind die Fähigkeiten des Unterbewußtseins maßgebend am Werk.

Natürlich ist es nicht der Sinn des Mentaltrainings, geistig-seelische Fähigkeiten zu aktivieren und zu trainieren, um wissenschaftlich »signifikante« Ergebnisse herbeizuführen. Doch die vorstehenden Ausführungen und Beispiele verdeutlichen, daß die Macht unseres Geistes und insbesondere die des Unterbewußtseins viel größer ist, als uns gemeinhin bewußt ist. Fest steht aber: Um unsere geistig-seelischen Kräfte zu entwickeln, müssen wir ständig an deren Entfaltung arbeiten.

Wie Sie Ihre Fähigkeiten testen und trainieren können

Wenn Sie in der Vergangenheit nichts oder kaum etwas für die Entfaltung Ihrer geistig-seelischen Fähigkeiten und Kräfte getan haben, so dürfen Sie sich natürlich jetzt nicht plötzlich »Wunder« erwarten; Sie müssen Ihre Geisteskraft zunächst trainieren und dann kontinuierlich fördern und pflegen.

Übernehmen Sie sich also am Anfang nicht, denn mit dem Mentaltraining ist es ähnlich wie mit sportlichen Leistungen. Zwar kann man durch ständige Übung Außergewöhnliches erreichen, wer jedoch gleich Großartiges zustandebringen will, überschätzt sich und wird bald enttäuscht sein. Nehmen Sie sich daher nicht zuviel auf einmal vor. Sie können Ihr Leben nicht innerhalb eines einzigen Tages völlig neu gestalten; Sie kommen jedoch, wenn Sie unermüdlich an sich arbeiten, jeden Tag einen kleinen Schritt weiter. Sie können sich nicht alle schlechten Angewohnheiten an einem Tag oder in nur einer Mentaltrainingssitzung abgewöhnen; doch wenn Sie sich dreimal am Tag gegen eine Ihrer kleineren oder größeren Schwächen erfolgreich durchsetzen, so werden Sie letztlich erfolgreich sein. Dazu zwei Beispiele:

Wenn Sie unter Schüchternheit leiden und diese abbauen möchten, dann könnten Sie etwa jeden Tag drei Fremde ansprechen. Fragen Sie einfach nach der Uhrzeit oder dem genauen Weg zum Bahnhof oder richten Sie sonst ein kleines Ansinnen an einen Fremden. Solche Fragen werden Ihnen ohne Argwohn von jedermann gerne beantwortet werden. Bemühen Sie sich dabei jedoch, Ihrem Gegenüber in die Augen zu schauen, so lange es Ihnen möglich ist, damit Sie lernen, sich in das Gefühl innerer Sicherheit einzufühlen.

Oder: Wenn Sie leicht ungeduldig werden, sollten Sie sich in Zukunft beim Einkaufen möglichst immer an der Kasse mit der längsten Schlange anstellen. Lassen Sie jedem, der es eilig hat, höflich den Vortritt! Tun Sie also so oft wie möglich Dinge, die Ihnen besonders schwerfallen, und versuchen Sie, währenddessen ruhig und ausgeglichen zu bleiben.

Nachstehend möchte ich Ihnen nun einige Experimente aufzeigen, die besonders geeignet sind, Ihre geistig-seelischen Fähigkeiten zu testen und zu trainieren. Es handelt sich um Übungen, die Sie als persönliche Versuche in Psychokinese machen können.

1. Der Öltropfen in der Wasserschüssel

Füllen Sie eine Schüssel mit Wasser und lassen Sie dann einen Tropfen Salat- oder anderes Öl in die gefüllte Schüssel fallen. Da Öl leichter ist als Wasser, wird der Öltropfen auf der Wasseroberfläche schwimmen.

Versuchen Sie dann, die Bewegung des Öltropfens auf der Wasseroberfläche zu beeinflussen, indem Sie sich bildhaft und plastisch vorstellen, daß er nach links beziehungsweise nach rechts, nach vorne oder nach hinten schwimmt. Konzentrieren Sie Ihre gesamten inneren Kräfte auf diesen einen Öltropfen in der Wasserschüssel.

Wenn Sie seinen Weg auf der Wasseroberfläche beeinflussen können, sind Sie bereits ein »Meister« Ihrer unterbewußten Kraft; gelingt Ihnen das nicht, so ist Ihre Zeit dennoch nicht verschwendet: durch solches Training entwickeln Sie Ihre geistig-seelischen Fähigkeiten.

2. Der Käfer im Karton

Nehmen Sie eine Schachtel in der Größe eines Schuhkartons zur Hand und schneiden Sie in eine Seite dieser Schachtel drei gleich große Öffnungen. Setzen Sie dann einen Käfer oder eine Ameise in den Karton.

Versuchen Sie dann, durch das Aufgebot Ihrer gesamten Konzentrations- und Vorstellungskraft den Weg des Käfers nach außen zu bestimmen. Stellen Sie sich bildhaft vor, daß der Käfer zum Beispiel den Ausgang drei benutzt. Konzentrieren Sie Ihr Denken und Ihre innere Kraft darauf, daß der Käfer sich Ihrer Vorstellung entsprechend verhält!

Anfangs wird der Käfer wahrscheinlich einen anderen als den von Ihnen gewählten Ausgang benutzen. Die Trefferchance ist drei zu eins. Doch wenn es Ihnen nach einiger Übungszeit gelingt, den Weg des Käfers in sechs von zehn Fällen zu bestimmen, dann haben Sie bereits ein »signifikantes« Ergebnis erzielt.

3. Das Papierrad auf der Nadelspitze

Durchstechen Sie mit einer Nadel ein Stück feste Pappe und legen Sie diese so auf den Tisch, daß die Nadelspitze nach oben weist. Zeichnen Sie dann mit dem Zirkel einen Kreis von etwa zehn Zentimetern Durchmesser auf ein Blatt Papier und schneiden Sie diesen Kreis aus. Setzen Sie den Papierkreis an dem Punkt des Zirkeleinstiches vorsichtig auf die Nadelspitze auf. Sorgen Sie dafür, daß in Ihrem Versuchszimmer kein Durchzug herrscht. Halten Sie dann in einem Abstand von etwa zwei bis drei Zentimetern Ihre geöffneten Hände links und rechts seitlich so um die Papierscheibe, daß Ihre Hände diese, ohne sie zu berühren, gleichsam umschließen.

Versuchen Sie dann, die Papierscheibe in Bewegung zu setzen, so daß sie sich auf der Nadelspitze dreht. Stellen Sie sich dabei möglichst plastisch vor, wie sich das Papierrad links- beziehungsweise rechtsherum dreht, und konzentrieren Sie sich so lange auf diese Bewegung, bis das Rad sich tatsächlich in Bewegung setzt. Ändern Sie ab und zu die Richtung, um sicherzugehen, daß das Papierrad wirklich Ihrem Willen gehorcht. Auch mit diesem Versuch trainieren Sie – ob er nun erfolgreich ausfällt oder nicht – Ihre geistig-seelischen Kräfte, deren Entwicklung Ihnen auf jeden Fall zugute kommen wird.

Befragen Sie Ihr Unterbewußtsein mit Hilfe des Pendels

Wenn Sie noch über keine Erfahrung hinsichtlich der Entfaltung Ihrer geistig-seelischen Kräfte verfügen, so kann es anfangs passieren, daß viele Einfälle Sie auf einmal bestürmen, wenn Sie eine Frage an Ihr Unterbewußtsein gestellt haben. Deshalb mag es Ihnen mitunter schwerfallen, auseinanderzuhalten, welche Antworten tatsächlich Ihrem Unterbewußtsein entspringen und welche Gedanken »nur« ein Produkt Ihres Verstandes sind, der sich ungefragt »dazwischengeschaltet« hat. Die Methode des Pendelns gibt Ihnen eine Möglichkeit an die Hand, klare und eindeutige Antworten von Ihrem Unterbewußtsein zu erhalten.

Wenn Sie diese Technik anwenden möchten, brauchen Sie natürlich zunächst einmal ein Pendel. Es empfiehlt sich ein gekauftes Pendel, da es allen Anforderungen entspricht. Entsprechende Angebote finden Sie in einschlägigen Zeitschriften.

Sie können jedoch für den Anfang ein Pendel auch leicht selbst herstellen. Dazu benötigen Sie ein Gewicht, am bestem aus Metall, und einen dünnen Faden. Eine bewährte Form des Pendels besteht aus einem Ring, der an einem Garn- oder Seidenfaden festgebunden ist.

Einige Grundsätze sollten Sie jedoch – gleich welche Art von Pendel Sie benutzen – in jedem Fall berücksichtigen:

○ Behandeln Sie Ihr persönliches Pendel als einen wertvollen Gegenstand, den Sie möglichst nicht in fremde Hände geben.

○ Wenn ein anderer Mensch mit Ihrem Pendel gear-

beitet und es somit psychometrisch besetzt hat,
sollten Sie es anschließend eine Weile unter flie-
ßendes Wasser halten. Das ist notwendig, da das
Wasser Ihr Pendel wieder neutralisiert, das heißt,
Wasser »wäscht« die fremde Körperenergie wieder
von Ihrem Pendel ab.

O Hauchen Sie Ihr Pendel vor jedem Gebrauch
mehrmals an, um es mit Ihrer persönlichen Körperenergie aufzuladen.

Bevor Sie mit dem Pendeln beginnen, sollten Sie die
in Kapitel 5 angeführten Vorbereitungen durchführen. Beachten Sie darüber hinaus bitte noch die folgenden Punkte:

1. Pendeln Sie nur, wenn Sie sich ausgeglichen und
   wohl fühlen und wenn Sie geistig frisch sind.
2. Waschen Sie sich vor dem Pendeln gründlich die
   Hände, um alle störenden Energieschwingungen zu
   beseitigen.
3. Entfernen Sie, bevor Sie beginnen, alle Metallge-
   genstände (zum Beispiel Ihre Armbanduhr) von
   Ihrem Körper, denn Metall kann den Ausschlag
   des Pendels beeinflussen.

Wenn Sie die genannten Vorbereitungen getroffen haben, sind Sie für den ersten praktischen Pendelversuch bereit.

*Die Technik des Pendelns und worauf Sie achten
müssen*

Es gibt für das Pendeln zwei geeignete Handhaltun-
gen:

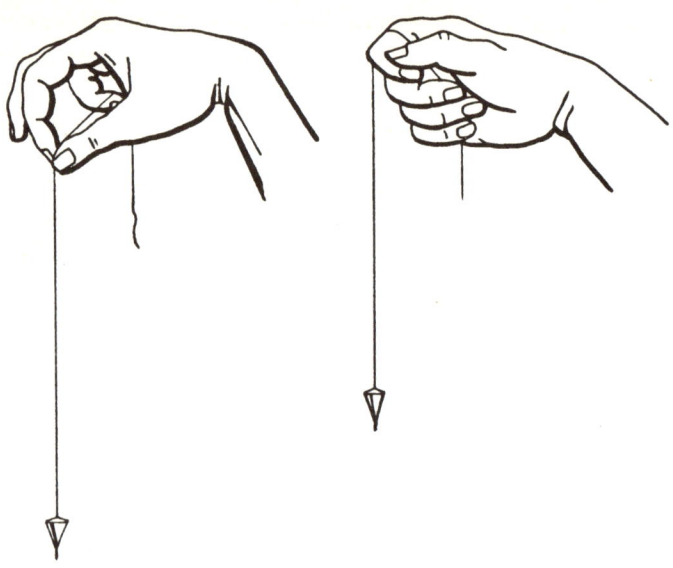

Für welche der beiden Möglichkeiten Sie sich entscheiden, hängt von Ihrem Gefühl ab. Wählen Sie die
Position, die Ihnen angenehmer ist.

Sie beginnen zunächst mit einem Test Ihrer Sugge-
stibilität, also Ihrer Empfänglichkeit für feinere geistig-seelische Schwingungen.

Nehmen Sie irgendeinen handlichen Gegenstand,
beispielsweise einen Kugelschreiber, Brieföffner oder
eine Armbanduhr, und legen Sie ihn vor sich auf den
Tisch. Nehmen Sie dann die Ihnen gemäße Pendelhal-
tung ein, so daß das Pendel ruhig über dem Gegenstand hängt.

Nach einer Weile wird das Pendel zu schwingen beginnen, und seine Bahn wird das unsichtbare Ener-
giefeld des Gegenstandes anzeigen. Praktizieren Sie
diese Übung so lange, bis sie funktioniert. Drehen Sie

den Kugelschreiber oder Brieföffner in verschiedene Richtungen und beobachten Sie, wie sich dementsprechend die Bahn des Pendels verändert.

Der nächste Schritt gilt einem Test Ihrer Suggestivkraft.

Legen Sie den zuvor benutzten Gegenstand weg und lassen Sie das Pendel ruhig über der Oberfläche des Tisches hängen. Befehlen Sie dann dem Pendel, im Uhrzeigersinn zu kreisen. Fast augenblicklich wird es sich in Bewegung setzen. Lassen Sie es anschließend auch gegen den Uhrzeigersinn kreisen und in bestimmte Richtungen hin und her schwingen. Üben Sie dies so lange, bis das Pendel Ihren Vorstellungen gehorcht und auf jedes geistige Kommando augenblicklich reagiert. Das ist im allgemeinen schon nach recht kurzer Zeit der Fall.

In der Folge können Sie das Pendel auch dazu benutzen, sich von Ihrem Unterbewußtsein bestimmte Fragen beantworten zu lassen. Zuvor müssen Sie jedoch festlegen, welcher Pendelausschlag eine positive und welche Bewegung des Pendels eine negative Antwort signalisieren soll. Ferner müssen Sie, wenn Sie Fragen an Ihr Unterbewußtsein richten wollen, die folgenden Punkte beachten, damit Sie korrekte Antworten bekommen:

1. Wenn Sie fragen, darf nur diese eine Frage in Ihrem Bewußtsein sein. Ihre gesamte Konzentration muß auf diesen einen Gedanken gerichtet sein. Wenn Ihre Gedanken zerstreut sind, so besteht die Gefahr, daß Sie eine Antwort auf eine Frage erhalten, die Sie vielleicht im Hintergrund Ihres Bewußtseins beschäftigt, oder aber, daß eine Antwort ganz ausbleibt. Um derartige Fehlerquellen auszuschalten, ist es notwendig, eine Frage nur bei voll-

ster Konzentration zu stellen. Im übrigen sollte diese Frage kurz und prägnant sein; sprechen Sie sie am besten laut aus.

Schauen Sie, während Sie fragen, auf das Pendel und öffnen Sie sich für die Antwort. Bleiben Sie jedoch ganz entspannt. Entscheidend wichtig ist eine neutrale, innerlich gelassene Haltung. Fühlen Sie sich wie ein neugieriges Kind, das auf eine Antwort wartet.

2. Wichtig ist auch, daß Sie keine bestimmte Antwort im voraus erwarten, weil Ihr Unterbewußtsein diese Erwartung wahrscheinlich als Suggestion auffassen würde. In einem solchen Fall würden Sie jedoch die Antwort von Ihrem Verstand und nicht von Ihrem Unterbewußtsein erhalten. Bleiben Sie innerlich offen und geduldig, bis das Pendel eine eindeutige Richtung eingeschlagen hat und diese auch beibehält.

   Brechen Sie den Pendelvorgang nach einer Frage nicht allzu rasch ab. Lassen Sie das Pendel schwingen, bis die Antwort eindeutig ist.

3. Wichtige Fragen sollten Sie am besten immer allein auspendeln. Denn die geistig-seelischen Schwingungen anderer Anwesender können gelegentlich die Antwort des Pendels beeinflussen, so daß Sie sich auf diese Antwort dann nicht verlassen können. Dies gilt besonders, wenn starke Zweifler im Raum sind.

Bevor Sie nun dazu übergehen, konkrete Fragen an Ihr Unterbewußtsein zu richten, müssen Sie zunächst herausfinden, mit welcher Schwingungsrichtung oder -bewegung Ihr Pendel seine jeweilige Reaktion zu erkennen gibt. Nehmen Sie daher Ihr Pendel in die Hand und lassen Sie es ruhig über der Tischplatte

»schweben«. Warten Sie, bis es vollkommen bewegungslos hängt. Dann stellen Sie Ihrem Unterbewußtsein die Frage: Welche Schwingung des Pendels soll »Ja« bedeuten?

Das Pendel wird in einer Richtung ausschlagen oder kreisen. Merken Sie sich diese Richtung oder machen Sie sich eine kurze Notiz. Dann erfragen Sie auf die gleiche Weise die jeweiligen Pendelbewegungen für »Nein«, »Ich weiß nicht« und »Das will ich nicht sagen«.

Ein »Ja« könnte zum Beispiel in einem Kreisen des Pendels rechtsherum, ein »Nein« im Kreisen linksherum zum Ausdruck kommen, »Ich weiß nicht« in einer Schwingung hin und her von rechts nach links, »Das will ich nicht sagen« in einer Schwingung von Ihnen weg und auf Sie zu.

Nach Abschluß dieser vorbereitenden Selbstbefragung wissen Sie, welcher Pendelausschlag Ihnen in Zukunft welche Antwort signalisiert.

Ihre erste »eigentliche« Frage an Ihr Unterbewußtsein könnte lauten, ob Sie im Zustand der Entspannung seinen Namen richtig verstanden haben. Sie halten also das Pendel ruhig und fragen dann still, besser aber noch laut: »Habe ich dich richtig verstanden? Soll ich dich mit ... ansprechen?«

Durch die nun folgende Bewegung des Pendels gibt Ihnen Ihr Unterbewußtsein zu verstehen, ob die im Zustand der Entspannung von Ihnen empfangene Information richtig war.

Es gibt zwei Spielarten von Fragestellungen, die geeignet sind, Antworten seitens des Unterbewußtseins zu erhalten. Die erste dieser beiden Möglichkeiten der Fragestellung haben Sie bereits kennengelernt. Mittels dieser Fragetechnik können Sie auf alle Fragen eine Antwort erhalten, die sich mit »Ja«, »Nein«, »Ich weiß nicht« oder »Das will ich nicht sagen« angemessen beantworten lassen.

Komplexere Fragen müssen hingegen in Unterfragen aufgelöst werden, die in das Ja-nein-Schema passen. Hier ein Beispiel:

Sie haben Ihren Hausschlüssel verloren. Da Ihr Unterbewußtsein, das jede wie immer geartete Erfahrung speichert, sich gemerkt hat, wann Sie ihn aus Versehen aus der Tasche gezogen haben, können Sie es nun natürlich nach dem Verbleib des verlorenen Schlüssels fragen. Wenn Sie jedoch fragen: »Wo ist mein Hausschlüssel?« würde Ihnen die Antwort »Ja« oder »Nein« kaum weiterhelfen. Daher müssen Sie das Problem einkreisen.

Sie könnten Ihr Problem beispielsweise durch folgendes Frageverhalten lösen:

○ Habe ich meinen Hausschlüssel innerhalb
   der Wohnung verloren?   – Nein.
○ Habe ich ihn heute morgen beim
   Einkaufen verloren?   – Ja.
○ Habe ich ihn in der Jägerstraße verloren?   – Nein.
○ Habe ich ihn in der Burggasse verloren?   – Ja.
○ Habe ich ihn in Müllers
   Lebensmittelladen verloren?   – Ja.
○ Ist er mir beim Bezahlen aus der Tasche
   gefallen?   – Ja.

Sie könnten nun also – um bei unserem Beispiel zu bleiben – ohne weiteres in dem besagten Geschäft nach dem Schlüssel fragen oder ihn an der Kasse suchen.

Auf diese oder ähnliche Weise läßt sich jede Frage in Unterfragen auflösen, die Ihr Unterbewußtsein dann einzeln beantworten kann.

Hilfsmittel, die Ihnen das Befragen des Unterbewußtseins erleichtern

Es gibt natürlich auch Fragen, die verschiedene Möglichkeiten der Antwort zulassen. Um auf solche Fragen mit Hilfe des Pendels eine Antwort zu finden, bedarf es eines Hilfsmittels.

Zeichnen Sie auf ein Blatt Papier einen Kreis von etwa zehn Zentimetern Durchmesser und, durch den Mittelpunkt verlaufend, eine waagrechte und eine senkrechte Linie, also ein Fadenkreuz. Auf den Achsen des Fadenkreuzes zeichnen Sie sechs regelmäßige Abstände ein und kennzeichnen diese von innen nach außen mit den Zahlen eins bis fünf. Von Ihrer Schemazeichnung oder der nachstehenden Abbildung fertigen Sie sich am besten gleich eine Reihe von Kopien an, die Sie dann in Zukunft je nach Fragestellung beschriften können.

Die unbeschriftete Schemazeichnung sieht etwa so wie die Darstellung auf der nachfolgenden Buchseite aus (bitte blättern Sie um):

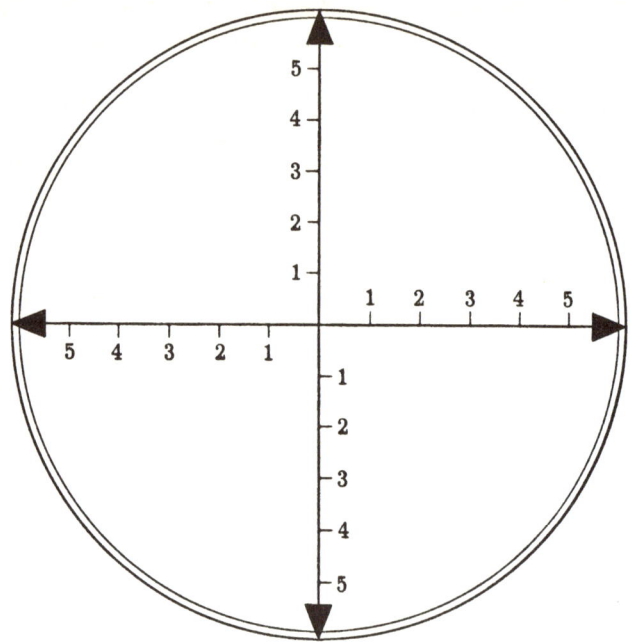

Denken Sie sich dann auf eine Ihnen am Herzen liegende Frage vier Antworten aus und tragen Sie diese
am Schnittpunkt der Achsen mit dem Kreis in Ihr
Schemablatt ein. Dann nehmen Sie Ihr Pendel in die
Hand und lassen es senkrecht über dem Mittelpunkt
des Kreises »schweben«. Das Pendel wird dann in
Richtung der zutreffenden Antwort ausschlagen.

Natürlich könnte man in den Kreis auch noch die
Diagonalen einzeichnen, man hätte dann die Möglichkeiten der Wahl unter acht Antworten. Tragen Sie jedoch nicht zu viele alternative Möglichkeiten ein, am
besten, wie gesagt, nur vier, da sonst die Pendelaus-
schläge nicht mehr eindeutig zu identifizieren sind.

Sie können auf diese Weise Antwort auf die verschiedensten Fragen erhalten, beispielsweise:

O Welche Nahrungsmittel soll ich in vermehrtem Maße zu mir nehmen (Fisch, Milchprodukte, Gemüse, Obst)?

O Welches meiner Organe bedarf augenblicklich besonderer Fürsorge (Herz, Lunge, Leber, Nieren)?

O Wo soll ich meinen nächsten Urlaub verbringen (im Heimatland, in Spanien, Italien, Übersee)?

Die Schemazeichnung in der Beschriftung zum erstgenannten Beispiel sieht dann wie folgt aus:

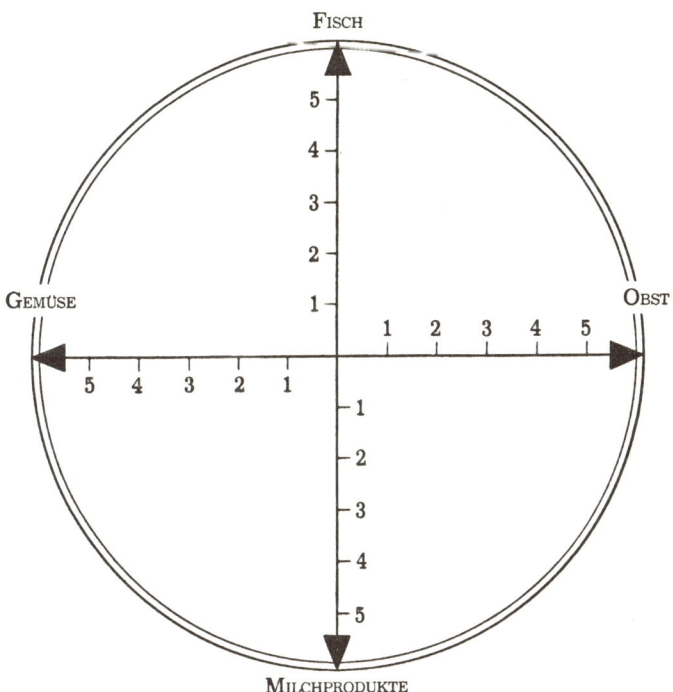

Richten Sie am Anfang möglichst nur solche Fragen an Ihr Unterbewußtsein, die es mühelos beantworten kann. Sie können aber den Schwierigkeitsgrad Ihrer Fragen im Laufe der Zeit steigern. Grundsätzlich lassen sich mit Hilfe der beschriebenen Methode durchaus auch komplexere Fragen beantworten, wie etwa:

○ In welchem Beruf werde ich erfolgreich und glücklich sein?
○ Wo habe ich . . . verloren?
○ Ist dieses Medikament gut gegen meine Magenbeschwerden?
○ Ist . . . der richtige Partner für mich?
○ Soll ich das Buch . . . kaufen?
○ Soll ich . . . kaufen?
○ Wo kann ich . . . besonders günstig einkaufen?
○ Wo finde ich am ehesten neue Bekannte (eine Freundin, einen Freund)?

Immer können Sie sich Ihre Fragen selbstverständlich auch nach der Ja-nein-Methode beantworten lassen, soweit dieses möglich ist. In dem Fall brauchen Sie keine Eintragungen in den Kreis vorzunehmen. Die Bedeutung der verschiedenen Ausschlagsrichtungen Ihres Pendels ist Ihnen ja bereits bekannt. Die Zahlen auf den Achsen des Fadenkreuzes bezeichnen den Grad, in dem – je nach Ausschlag des Pendels – die einzelnen Antworten zuverlässig sind.

Natürlich dürfen Sie nicht davon ausgehen, daß Ihr Unterbewußtsein Ihnen bereits vom ersten Pendelversuch an ausschließlich richtige Lösungen und Antworten liefert. Betrachten Sie daher Ihre Pendelergebnisse anfangs nur als Zusatzinformationen. Erst nach einiger Übung werden Sie über genügend Erfahrung verfügen, um beurteilen zu können, wann eine Information absolut zuverlässig ist und wann nicht.

Wie aus den vorstehenden Ausführungen schon hervorgeht, besteht auch die Möglichkeit, mit Hilfe des Pendelns Informationen über andere Menschen zu erhalten. Zu diesem Zweck benötigen Sie jedoch irgendeinen Gegenstand, der mit der betreffenden Person möglichst für längere Zeit in Berührung und daher von ihr imprägniert war. Dabei kann es sich um ein Kleidungsstück handeln oder um einen Schlüssel, ein Schmuckstück, einen von dem betreffenden Menschen geschriebenen Brief oder am besten eine Photographie.

Legen Sie nun den entsprechenden Gegenstand vor sich auf den Tisch und halten Sie das Pendel darüber. Dann beginnen Sie, ganz normal nach der Ja-nein-Methode Fragen über die betreffende Person zu formulieren, zum Beispiel:

O Meint dieser Mensch es gut mit mir?
O Kann ich ihm vertrauen?
O Befindet sich der Betreffende zur Zeit in der Stadt?
O Leidet dieser Mensch unter dieser oder jener Krankheit?

Ein geübter Pendler kann mit Hilfe dieser Methode außerordentlich präzise Diagnosen stellen, sei es in gesundheitlicher Hinsicht oder bezüglich geistig-seelischer Schwierigkeiten. Auch vermißte Personen wurden auf diese Weise schon von erfahrenen Pendlern aufgespürt. Natürlich sind zur Ausführung derart schwieriger Aufgaben ausreichend Übung und viel Erfahrung notwendig.

Pendeln Sie am Anfang auch nur so lange, wie Sie sich voll konzentrieren können. Ungewohnte Beschäf-

tigungen fesseln die Aufmerksamkeit Ihres Unterbewußtseins am Anfang nur für kurze Zeit. Ihr Unterbewußtsein ist jedoch der entscheidende Faktor für den
Erfolg des Pendelns, und erst später, wenn Sie »beide«
ein eingespieltes Team bilden, wird Ihr Unterbewußtsein bereit sein, Ihnen auch umfangreichere oder
weithergeholte Auskünfte zu geben.

Kapitel 9

Wunschformulierung und Zielvorstellung

Kleiden Sie Ihren Wunsch in eine Formel

Bevor einer Ihrer Wünsche in Erfüllung gehen kann, müssen Sie eine klare Vorstellung des erwünschten Endzustandes vor Augen haben.

Der erste Schritt auf diesem Weg besteht darin, Ihren Wunsch in klare Worte zu fassen. Diese Wunschformulierung muß jedoch verschiedene Voraussetzungen erfüllen:

○ *Sie muß präzise, vollständig und unmißverständlich sein.*

Unser Unterbewußtsein arbeitet absolut exakt und richtet sich in allen Einzelheiten nach den Angaben und Anweisungen, die wir ihm einprägen. Wenn daher Ihre Wunschformulierung fehler- oder lückenhaft ist, wird auch die Erfüllung Ihres Wunsches nur unvollkommen sein. Definieren Sie Ihr Ziel also richtig!

○ *Sie muß sich der Gegenwartsform bedienen.*

Prägen Sie also Ihrem Unterbewußtsein nicht etwa ein: »Ich werde bald geheilt sein!« Sie sollen sich nicht an die Zukunft halten, sondern von dem Zustand des bereits verwirklichten Wunsches ausgehen, die Zukunft also vorwegnehmen. Etwa so: »Ich bin gesund, locker und frei!«

O *Sie muß positiv sein.*

Ihr Unterbewußtsein nimmt jede Nuance Ihrer Formulierung auf und wird versuchen, Ihre Vorstellung so »wörtlich« wie möglich in die Wirklichkeit zu übertragen. Aber eine Verneinung in Ihrer Wunschformel »versteht« es nicht.

Wenn Sie zum Beispiel Kopfschmerzen haben, sollte Ihre Wunschformulierung keinesfalls lauten: »Ich werde ab sofort keine Kopfschmerzen mehr haben!« Erstens ist die Formel in der Zukunftsform abgefaßt und zweitens negativ. Schon das Wort Kopfschmerzen genügt, um Kopfschmerzen eher herbeizuführen, als sie zu beseitigen. Jede Vorstellung hat die Tendenz, sich zu verwirklichen. Die negativ angelegte Ablehnung eines bestimmten Zustands beschwört jedoch gerade die Vorstellung dieses Zustands herauf, so daß im Fall der Anwendung der genannten Formel die Kopfschmerzen eher noch zunehmen werden.

Daher sollten Sie nur positive Wunschformulierungen in der Gegenwart verwenden. Diese sind in jedem Fall hilfreich und aufbauend. In dem beschriebenen Beispiel könnte daher die richtige Formulierung etwa lauten: »Mein Kopf ist ganz leicht und klar, die Gedanken fließen, ich bin vollkommen konzentriert und absolut gelöst und entspannt. Ich fühle mich sehr wohl in meinem Körper!«

In der folgenden Aufzählung finden Sie eine beliebig erweiterbare Auswahl von Wörtern und Begriffen, die für positive Wunschformulierungen besonders geeignet sind:

Harmonie	gesunde Lebensweise
Wohlgefühl	Optimismus
Wohlbefinden	Begeisterung
Aktivität	Selbstverwirklichung
Freude	Gelassenheit

Glück	richtige Ernährung
Glaube	Leistungsfähigkeit
Erfolg	positive Einstellung
Ruhe	Freiheit
Liebe	Selbstsicherheit
Kraft	Mäßigkeit
Zuversicht	Regelmäßigkeit
Schlaf	Entspannung
Achtsamkeit	Dankbarkeit
Vitalität	Zufriedenheit
Konzentration	Liebesfähigkeit
Geborgenheit	Bescheidenheit
Unabhängigkeit	Mut

Wählen Sie immer Wörter und Wendungen, von denen Sie sich angesprochen fühlen, die eine freudige, positive Resonanz in Ihnen auslösen. Je stärker und erfüllender das Gefühl ist, das Sie bei dem Gedanken an Ihr Ziel durchströmt, um so schneller werden Sie dieses auch erreichen. Wählen Sie jedoch nur solche Wörter, unter denen Sie sich etwas vorstellen können und zu denen Sie eine Beziehung haben.

Anhand einiger Beispielsätze möchte ich Ihnen im folgenden verdeutlichen, wie es ohne weiteres möglich ist, eine negative in eine positive (hier *kursiv* gedruckte) Wunschformulierung umzuwandeln. Dabei wird aus:

○ Meine Angst nimmt täglich ab. – *Mein Mut wächst von Tag zu Tag.*

○ Ich bin immer seltener mißgelaunt. – *Ich fühle mich immer froh und gutgelaunt.*

○ Ich habe keine Schmerzen mehr. – *Ein wunderbares Wohlgefühl durchströmt meinen Körper.*

○ Ich werde nicht mehr stottern. – *Ich spreche fließend und ruhig.*

O Ich bin nicht mehr aufgeregt. – *Ich bin voll Sicherheit und Selbstvertrauen.*

Wenn sich Ihr Verstand vielleicht auch anfangs sträubt, von dem eigentlich erst in der Zukunft zu verwirklichenden Zustand in der Gegenwartsform zu sprechen, bleiben Sie bitte trotzdem hartnäckig bei dieser Art der Formulierung und fahren Sie unbeirrt mit dem Mentaltraining fort! Ihr Verstand glaubt nur, was sich beweisen läßt; Ihr Unterbewußtsein indessen hält sich an das, was Sie ihm zu sehen und zu hören geben. Das Unterbewußtsein bedarf eines genau umrissenen Vorstellungsbildes, nach dem es sich richten kann. Dem Bild muß die Formulierung des erwünschten Endzustandes entsprechen. Nach einer kurzen Weile schon werden Sie auch vom Verstand her alle Zweifel fallenlassen, weil Sie einsehen, daß ungeachtet rationaler Einwände die Wirkung nicht ausbleibt. Dann können Sie erst wirklich die Gestaltung Ihres Schicksals in die Hand nehmen.

Neben den eingangs genannten Voraussetzungen für die richtige Wunschformulierung sollten Sie noch folgende Regeln beachten:

O *Fassen Sie die Formel möglichst kurz.*

Auch Ihrem Unterbewußtsein sind kurze, prägnante Formeln leichter einzuprägen. Je öfter Sie sich während des normalen Tagesablaufs Ihren Wunsch ins Bewußtsein rufen, um so stärker wird Ihr Unterbewußtsein geprägt.

O *Die Formel muß einfach, aber bestimmt sein.*

Die Formulierung Ihres Wunsches muß so einfach sein, daß jedes Kind sie verstehen könnte. In gewisser Weise kann man das Unterbewußtsein mit einem Kind vergleichen, denn es nimmt alles wörtlich. Deshalb muß man es unbedingt bestimmt ansprechen.

○ *Die Formel soll sich auf Sie selbst oder Ihr Leben
beziehen.*

Wenn Sie zum Beispiel in Ihrer Formel den Ideal-
zustand einer partnerschaftlichen Beziehung ausdrücken wollen, sollten Sie auf Ihr eigenes Verhalten Bezug nehmen, nicht auf das Ihres Partners.
Statt der Formel »Sie (oder er) wird immer lieber
und freundlicher!« oder »Wir verstehen uns immer
besser!« richten Sie Ihre Aufmerksamkeit auf Ihr
eigenes Verhalten mit Formeln wie: »Ich akzep-
tiere meinen Partner so, wie er ist!« oder: »Ich bin
ihm ein verständnisvoller Partner!« Bedenken Sie:
Jeder Mensch ist nur für sein eigenes Verhalten
zuständig und verantwortlich. Wir können und dürfen niemanden zwingen, sich zu ändern, denn jeder
von uns hat das Recht auf seine eigene Persönlichkeit!

Sie sehen, daß einige Regeln beachtet werden müssen, damit Sie mit Hilfe des Mentaltrainings tatsächlich das erhalten, was Sie verwirklichen möchten. Legen Sie Ihre Wunschformulierung am besten schriftlich fest.

Mantratechnik und Wunschsuggestion

Nachstehend möchte ich Ihnen nun eine Methode
vorstellen, die ich aus Elementen der von dem franzö-
sischen Apotheker ÉMILE COUÉ begründeten Technik
der Autosuggestion und der traditionellen indischen
Mantrameditation entwickelt habe. É. Coué gelangte
bei seiner psychotherapeutischen Arbeit zu der Erkenntnis, daß die Formel »Es geht mir von Tag zu Tag
in jeder Hinsicht immer besser und besser!« einen
äußerst positiven Einfluß auf die Gesundheit und die

geistig-seelische Verfassung der Patienten hatte. Er empfahl daher seinen Patienten, diese Formel täglich zwanzig- bis dreißigmal zu wiederholen. Aus Coués Methode entwickelten sich später das autogene Training und die Techniken des positiven Denkens.

In der indischen Yogatradition gibt es die sogenannte Mantrameditation. In der Praxis ist die Mantrameditation dadurch charakterisiert, daß der Yogaschüler – oft stundenlang – über eine kurze, aussagekräftige Formel meditiert, deren Sinn sich ihm mehr und mehr erschließt und deren Aussage immer mehr zu seinem geistigen Eigentum wird.

Die von mir entwickelte Methode ist nun eine Kombination aus beiden Techniken und vereint daher die Vorteile beider in sich. Und so gehen Sie vor:

Entscheiden Sie sich zunächst für eine kurze, rhythmische und einprägsame Formel, die Ihnen leicht von den Lippen geht und einen von Ihnen gewünschten Endzustand beschreibt. Diese Formel könnte beispielsweise lauten:

○ Positives Leben durch positives Denken!
○ Die innere Heilkraft macht mich gesund!
○ Das Glück kommt mit auf Schritt und Tritt!
○ Ich bin eins mit dem Leben und völlig gesund!
○ Lernen macht Freude und führt zum Erfolg!

Wenn sich für Ihren größten Wunsch eine vergleichbar knappe Formulierung finden läßt, so sollten Sie natürlich diese Formel benutzen.

Nehmen Sie sich etwa zwanzig Minuten Zeit und suchen Sie einen Ort auf, an dem Sie nicht gestört werden. Wiederholen Sie dann die von Ihnen gewählte Wortfolge ununterbrochen zwanzig Minuten lang, schnell, und zwar so, daß Ihnen zwischen den einzelnen Wiederholungen keine Zeit bleibt, an etwas anderes als Ihr Wunschziel zu denken. Lassen Sie während dieser Zeit keinen anderen Gedanken in Ihr Bewußtsein dringen. Für etwa zwanzig Minuten sollten Sie Ihre volle Aufmerksamkeit auf diese Wortfolge konzentrieren. Die Wirkung dieser Methode ist verblüffend!

Sie werden feststellen, daß nach zwanzig Minuten der Wiederholung die Formel Ihr gesamtes Bewußtsein ausfüllt. Sie haben in diesen zwanzig Minuten keine andere als die Ihr Ziel betreffende geistige Ursache gesetzt. Doch auch nach dem Ende der Rezitation werden Sie feststellen, daß die Formel in Ihnen weiterklingt wie ein Lied oder eine Melodie, die Sie ständig begleitet. Dieser Effekt ist beabsichtigt, denn auf diese Weise füllt der Inhalt Ihrer Formel Ihr Bewußtsein ganz aus und prägt nachhaltig auch Ihr Unterbewußtsein.

Auch wenn Sie Ihre Aufmerksamkeit wieder anderen Dingen zuwenden, wird Ihnen die Formel noch lange im Ohr klingen. Selbst nach Ablauf einiger Stunden werden Sie feststellen, daß Ihre Wunschformel noch immer in Ihnen »nachhallt« und nur allmählich ausklingt. Nun bedarf es nur einer kurzen Wiederholung Ihrer Formel, um erneut mit diesem einprägsamen Satz für Stunden Ihr Bewußtsein zu erfüllen.

Wenn Sie dieses »Schwungrad« von nun an immer in Bewegung halten, so werden Sie bewußt erleben, wie Sie und die Umstände Ihres Lebens sich zu Ihrem Vorteil verändern. Denn jeder Ihrer Gedanken ist eine schöpferische Ursache, und eine solche Konzentration eines Zielgedankens hat unfehlbar eine entsprechend tiefgreifende Wirkung zur Folge.

Besonders empfiehlt sich das laute Rezitieren der Wunschformel, da sich Ihr Unterbewußtsein auf diese Weise leichter beeindrucken läßt. Das gesprochene Wort ist übrigens auch für unser Wachbewußtsein ein größerer Reiz als ein bloßer Gedanke.

Wählen Sie für Ihre Wunschsuggestion eine Formel, die unbedingt in allen Nuancen positiv ist und den im ersten Abschnitt dieses Kapitels herausgestellten Kriterien entspricht. Vermutlich werden Sie zunächst mit Hilfe dieser Technik Ihren größten Wunsch verwirklichen wollen, aber ganz gleich, was Sie im einzelnen anstreben, die vorstehend beschriebene Form der Wunschsuggestion wird Ihnen gewiß einen großen Schritt weiterhelfen.

Ein Bild sagt mehr als tausend Worte

Wenn Sie Ihrem Unterbewußtsein Ihre Wünsche mitteilen wollen, müssen Sie ihm die entsprechenden Informationen selbstverständlich auch »in seiner Sprache« übermitteln. Während Sie Ihren Wunsch nun bereits in die richtigen Worte gefaßt und sich genau eingeprägt haben, müssen Sie ihn jetzt noch in die eigentliche Sprache des Unterbewußtseins, das gefühlsbetonte Bild »übersetzen«. Suggestionsformeln üben deshalb eine Wirkung auf unser Unterbewußtsein aus, weil wir jeden Gedanken in unserem Kopf und jedes Wort, das wir im stillen oder laut aussprechen, sogleich in gefühlsbesetzte Vorstellungsbilder umsetzen. Dies geschieht im alltäglichen Leben von allein. Wenn Sie diesen Vorgang jedoch bewußt ins Werk setzen, so mobilisieren Sie eine unglaubliche schöpferische Energie.

»Ein Bild sagt mehr als tausend Worte« heißt es im Volksmund, und dieses Sprichwort macht deutlich, welch großen Eindruck Bilder von jeher auf den Menschen gemacht haben, im besonderen auf sein Unterbewußtsein. Doch das Unterbewußtsein wird auch nachhaltig von unseren Emotionen geprägt. Da aufbauende Vorstellungsbilder auch positive, lebensbejahende Gefühle auslösen, wird so unser Unterbewußtsein, das unser Verhalten steuert, optimal geprägt. Dies ist eine Voraussetzung für ein erfolgreiches Leben.

Wenn Sie sich nun durch geeignete Imaginationstechniken gezielt lebensbejahende Vorstellungsbilder einpflanzen wollen, müssen Sie Gesetzmäßigkeiten berücksichtigen, die Sie sich immer wieder vergegenwärtigen sollten:

O Jede bildhafte Vorstellung, von der Sie erfüllt sind, hat das Bestreben, sich zu verwirklichen.

O Wenn Glaube und Wille gegeneinanderstehen, siegt immer der Glaube. Wenn eine innere Überzeugung Ihrem rationalen Wollen entgegensteht, muß dieses scheitern.

O Jede Anstrengung bewirkt das Gegenteil dessen, was sie bewirken soll.

Ein sehr wichtiger Teil des Mentaltrainings ist daher die gezielte Imagination. Im übrigen haben Imaginationstechniken den Vorteil, das sie Ihnen den Erfolg Ihrer Bemühungen von Anfang an immer wieder vor Augen führen. Auf diese Weise haben Sie, wann immer Sie sich auf Ihr Ziel konzentrieren, ein inneres Erfolgserlebnis.

Je plastischer Sie übrigens Ihr inneres Bild von dem erwünschten Endzustand gestalten, um so stärker kann sich Ihre Vorstellung mit Energie aufladen, und je öfter Sie dieses Bild vor Ihrem inneren Auge sehen, um so wahrscheinlicher wird seine Verwirklichung.

Die instinktive Angst vor dem Einfluß negativer Vorstellungen drückt sich in Redewendungen wie

»Man soll den Teufel nicht an die Wand malen« aus. Wer sich ständig in Schwarzmalereien ergeht, schafft ein exaktes Bild des Zustandes, den er eigentlich vermeiden möchte und ruft das Unglück geradezu herbei. Die Felszeichnungen der frühgeschichtlichen Höhlenmenschen wiederum dokumentieren, daß der Mensch schon von jeher magische Bilder entworfen hat, die ihm Glück und Reichtum bringen sollten. Entsprechend müssen wir uns auch heute noch ein klares Bild unserer Ziele machen; denn nur so können wir sie erreichen.

Wie stark innere Vorstellungsbilder selbst auf Körpervorgänge wirken, zeigt ein einfaches Experiment:

Stellen Sie sich vor, Sie hielten eine Zitrone in der Hand. Vergegenwärtigen Sie sich die kühle Schale, die Sie mit Ihrer Hand umschlossen halten, sehen Sie vor Ihrem geistigen Auge das leuchtende Gelb der Frucht. Schneiden Sie nun diese imaginäre Zitrone einmal in zwei Hälften. Nehmen Sie im Geiste eine der beiden Hälften und stellen Sie sich vor, wie Sie kräftig hineinbeißen.

Wenn Ihr Vorstellungsvermögen voll entwickelt ist und Sie sich ganz in diese Situation hineinversetzt haben, so wird Ihnen jetzt das Wasser im Mund zusammenlaufen. Denn Ihr Unterbewußtsein hat die Information »Zitronensaft im Mund« erhalten und löst die entsprechenden physiologischen Reaktionen aus.

Dieses Beispiel macht deutlich, daß unsere Gedanken und Vorstellungen die Wirklichkeit nicht nur widerspiegeln, sondern in gewisser Hinsicht Wirklichkeit erst schaffen. Diesen Zusammenhang zwischen Ursache und Wirkung machen wir uns im Mentaltraining zunutze, indem wir streng darauf achten, daß wir nur solche Gedanken und Bilder zulassen, in denen unsere Ziele in einem positiven Licht beziehungsweise unsere Wünsche bereits verwirklicht erscheinen.

Kinder leben noch in einer sehr lebhaften Vorstellungswelt. Worte werden sofort in Bilder umgesetzt, und für Kinder sind Welt der Phantasie und Wirklichkeit noch fast das gleiche. Doch mit der Zeit löst sich diese Gleichsetzung zunehmend auf, und viele Erwachsene müssen erst wieder lernen, die Realität innerer Bilder anzuerkennen. Die Fähigkeit, in lebendigen Bildern zu denken, kann man jedoch wie einen Muskel trainieren.

So können Sie Ihre Imaginationsfähigkeit trainieren

Die folgenden Übungen sollen Ihnen nun helfen, Ihre Imaginationsfähigkeit Schritt für Schritt zu entwickeln und zu Ihrem eigenen Besten einzusetzen.

1. Die Farbimagination

Wenn Sie sich jede Farbe mühelos vor Ihr geistiges Auge rufen können, gehen Sie bitte gleich zum nächsten Schritt über. Wenn Ihnen dies jedoch noch nicht gelingen sollte, verfahren Sie bitte wie folgt:

Einen Einstieg in die Farbimagination finden Sie, wenn Sie sich nicht gleich eine Farbe vorzustellen versuchen, sondern einen Gegenstand in Ihre Vorstellung rufen, für den eine bestimmte Farbe typisch ist. Wenn Sie beispielsweise die Farbe Gelb wählen, so können Sie dabei an eine Zitrone denken. Bei Rot versuchen Sie, eine Tomate oder einen Feuerwehrwagen zu sehen.

In diesem Stadium ist es noch nicht so wichtig, den Gegenstand, der die Farbe trägt, deutlich zu erkennen, entscheidend ist, daß Ihnen der betreffende Gegenstand zur Vorstellung der gewünschten Farbe verhilft. Um sich Blau vorzustellen, können Sie beispielsweise an einen blauen Himmel oder an das blaue Meer denken, bei Grün an einen Rasen, bei Weiß an eine Schneelandschaft.

Wenn Sie mittels der beschriebenen Methode nicht ans Ziel kommen, so kaufen Sie sich am besten einige Bogen Buntpapier in den entsprechenden Farben. Schauen Sie sich die Farben dann auf dem Papier eine Zeitlang an und versuchen Sie in unmittelbarem Anschluß daran, sich die jeweilige Farbe bei geschlossenen Augen vorzustellen.

Öffnen Sie dann nach einer kurzen Weile wiederum die Augen und konzentrieren Sie sich nochmals auf die Farbe des Papiers.

Stellen Sie diese Übung so lange an, bis Sie jede gewünschte Farbe sofort auf Ihrer geistigen »Leinwand« erscheinen lassen können. Am besten ist es, wenn Sie bei dieser Gelegenheit bereits alle Farben in Ihr »Repertoire« aufnehmen, die bei der Farbentspannung Anwendung finden. Auf diese Weise schaffen Sie die besten Voraussetzungen für diese Form der Entspannung.

2. Die Imagination konkreter Gegenstände
Sobald Sie das Farbensehen beherrschen, können Sie zu der geistigen Vergegenwärtigung konkreter Gegenstände übergehen.

Wählen Sie zu diesem Zweck einen einfachen Gegenstand aus, vielleicht einen Kamm oder eine Schere, und studieren Sie dieses Objekt zunächst mit offenen Augen. Beschränken Sie sich vorerst jedoch auf seine Form. Schließen Sie dann die Augen und versuchen Sie, den von Ihnen gewählten Gegenstand naturgetreu auf Ihre geistige Leinwand zu projizieren. Wenn Sie dabei Schwierigkeiten haben, können Sie den Gegenstand ruhig noch einmal genau betrachten.

Wiederholen Sie diesen Wechsel zwischen Anschauen und Vorstellen, bis Sie bei geschlossenen Augen regelmäßig ein plastisches Abbild Ihres Gegenstandes vor sich »sehen«.

Dehnen Sie in der Folge Ihre Imaginationsfähigkeit auch auf andere Eigenschaften der Gegenstände aus: ihre Konsistenz, ihren Geruch oder ihr Gewicht. Wenn Sie sich beispielsweise einen Apfel vorstellen, sollten Sie nicht nur sein leuchtendes Grün oder Rot wahrnehmen, sondern auch seinen Geruch; empfinden Sie auch, wie schwer dieser Apfel in Ihrer Hand liegt. Vielleicht hat Ihr Apfel auch eine rauhe oder weiche Stelle? Versuchen Sie, Ihr Vorstellungsbild mit allen Sinnen wahrzunehmen.

Wenn Sie noch einen Schritt weitergehen wollen, können Sie auch beginnen, den besagten Apfel in Ihrer Vorstellung zu schälen. Stellen Sie sich dabei jede Ihrer Bewegungen und das jeweilige Aussehen des Apfels so plastisch vor, als würden Sie wirklich einen Apfel schälen. Spüren Sie, wie die Frucht nach dem Schälen fruchtiger und aromatischer riecht? Beißen Sie im Geiste doch ruhig in den Apfel hinein, wenn Sie das möchten.

Die Abbildung auf der nachfolgenden Seite zeigt einige geometrische Figuren, die Sie zur Stärkung Ihrer Imaginationsfähigkeit verwenden können. Versuchen Sie, diese geometrischen, plastischen Figuren um eine Achse zu drehen und so aus verschiedenen Perspektiven zu sehen. Lassen Sie jede der Figuren etwa eine Minute lang so oft wie möglich in der Perspektive kippen.

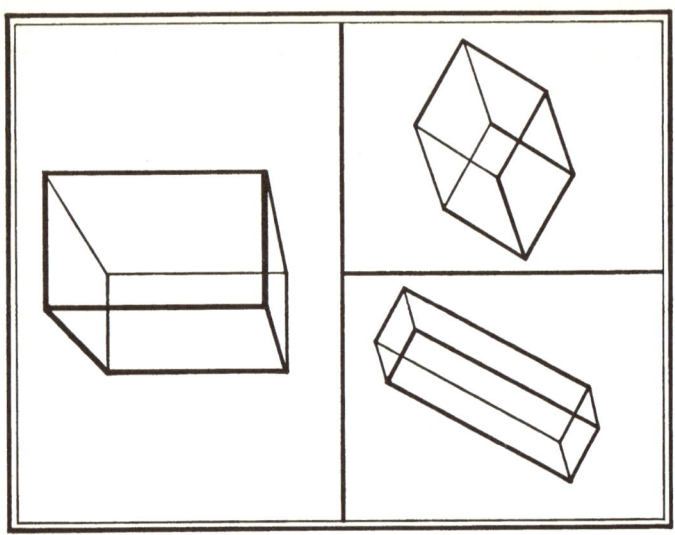

3. Die Imagination erdachter Gegenstände

Auf dieser Stufe geht es nun darum, Gegenstände zu »sehen«, für die Sie keine äußere Vorlage besitzen. Wählen Sie einen Gegenstand aus, der sich nicht in Ihrer unmittelbaren Nähe oder in Sichtweite befindet, also einen erdachten Gegenstand, und bestimmen Sie zunächst, welche Eigenschaften dieser Gegenstand haben soll. Stellen Sie sich dann seine Eigenschaften Schritt für Schritt vor. Zunächst die Form, dann die Farbe, die Konsistenz und so fort.

Gehen Sie auch in diesem Fall von der Vergegenwärtigung einfacher, konkreter Objekte aus, dann aber zur Imagination unwirklicher Gegenstände oder auch Lebewesen über. Lassen Sie beispielsweise in Ihrer Phantasie Ihnen bisher völlig unbekannte Fabeltiere entstehen: Rüsseltiere mit acht Beinen oder andere seltsame Wesen. Entscheidend ist, daß Ihre Imaginationsfähigkeit Ihrem Willen vollständig und schnell gehorcht, was auch immer Sie sich vorstellen mögen.

Versuchen Sie auch, bestimmte Eigenschaften der vorgestellten Gegenstände spontan zu verändern: Aus einer grünen wird so beispielsweise eine blaue Wiese, oder stellen Sie sich einen Pfirsich vor, der Erdbeerduft verströmt. Ihre Fähigkeiten sollen auf dieser Stufe soweit reifen, daß Sie sich jeden Gegenstand auch in jeder beliebigen Qualität vorstellen können.

Wenn Sie sich die äußere Beschaffenheit eines Gegenstandes beliebig vergegenwärtigen können, sollten Sie lernen, sich in die verschiedenen Gegenstände hineinzuversetzen. Spüren Sie doch einmal von innen heraus die Form und die Selbstempfindung eines Baumes, und erfühlen Sie seine Existenz bis in jedes einzelne Blatt. Fühlen Sie auch, wie Ihnen Kraft aus der Erde zufließt und bis in die Krone aufsteigt. Versetzen Sie sich vollständig in das Sein eines Baumes.

Auf gleiche Weise können Sie sich in jedes andere belebte Wesen oder unbelebte Ding hineinversetzen.

4. Die Imagination realer Handlungsabläufe

Wie bereits erwähnt, müssen Sie auch in der Lage sein, sich bewegte Bilder vorzustellen; sie beeindrukken das Unterbewußtsein wesentlich stärker als ein unbewegtes Bild.

Die Tagesrückschau ist besonders geeignet, um diese Fähigkeit zu entwickeln. Jeden Abend sollten wir ja ohnehin eine Tagesrückschau halten, um unser Verhalten zu prüfen und eventuelle Verfehlungen des vergangenen Tages zu erkennen und notfalls in unserer Vorstellung nachträglich zu korrigieren. Diese Rückschau ist gleichzeitig ein gutes Mittel, Ihre Ima-

ginationsfähigkeit zu trainieren, weil Sie ja alles, was
Sie in Ihrer Phantasie durchleben, bereits real erlebt
haben.

Versetzen Sie sich beispielsweise in die Zeit des
heutigen Morgens zurück. Erleben Sie den heutigen
Tagesbeginn noch einmal mit allen Ihren Sinnen!
Was haben Sie gefühlt, kurz nachdem Sie erwacht waren? Empfinden Sie noch einmal die Wärme der Bett-
decke, hören Sie den Wecker klingeln oder die
Stimme, die Sie geweckt hat. Wie klingt dieser Wek-
ker oder diese Stimme?

Erleben Sie noch einmal ganz genau, wie Sie auf-
stehen. Spüren Sie den Teppich unter den nackten
Füßen oder die Fütterung Ihrer Hausschuhe? Riechen
Sie Ihr Rasierwasser und schmecken Sie das Früh-
stück?

Jede einzelne Sekunde Ihres heutigen Tagesbe-
ginns können Sie auf diese Weise nachempfinden,
und Sie haben dabei den Vorteil, daß alle notwendigen Informationen bereits in Ihrem Gedächtnis ge-
speichert sind, es handelt sich also nur um eine Erin-
nerungsimagination.

5. Die Imagination erdachter Handlungsabläufe
Auf der nächsten Stufe dieser Übungsreihe müssen
Sie nun die Imagination erdachter Handlungsabläufe
erlernen.

Stellen Sie sich beispielsweise vor, wie Sie einen
Fremden begrüßen. Sehen Sie innerlich, wie Ihnen
dieser die Hand entgegenstreckt, wie Sie diese Hand
ergreifen und Ihr Gegenüber mit ein paar freundlichen Worten begrüßen. Wie sieht dieser Fremde aus?
Trägt er einen Anzug, oder ist er leger gekleidet? Hat
er einen freundlichen Gesichtsausdruck, oder schaut
er Sie eher verschlossen an? Riecht er eher ange-

nehm oder unangenehm? Jede Einzelheit dieses »Zu-
sammentreffens« sollte klar vor Ihrem geistigen Auge
stehen.

Die Imagination erdachter Handlungsabläufe sollte
so lebendig und überzeugend wie ein Film sein, den
Sie sich anschauen beziehungsweise in dem Sie mitspielen. Sehen Sie diesen Film klar und deutlich?
Oder gibt es noch verschwommene Einzelheiten?

Bedenken Sie, daß alle diese Übungen Ihre Fähigkeit trainieren sollen, Ihrem Unterbewußtsein absolut
klare Bilder Ihrer Wünsche zu übermitteln. Wenn Sie
nicht imstande sind, klare Vorstellungsbilder von
Ihren Wünschen zu »kreieren, wird auch die Wunscherfüllung unbefriedigend sein.

6. Die Imagination abstrakter Werte

Wenn Sie große Ziele anstreben, werden Sie nicht
daran vorbeikommen, sich abstrakte Begriffe vorstellen zu müssen. Wie Sie derartige Begriffe in Ihrer
Vorstellung bildlich umsetzen müssen, unterliegt keiner bestimmten Regel oder Vorschrift. Wichtig ist,
daß der jeweilige Begriff durch das von Ihnen gewählte Vorstellungsbild für Sie optimal und klar dargestellt wird und daß für Ihr Unterbewußtsein Mißverständnisse nicht möglich sind.

Wenn Sie Ihrem Unterbewußtsein beispielsweise
den Begriff »Liebe« bildlich veranschaulicht einprägen wollen, sollten Sie nicht nur dem Bild als solchem
Wichtigkeit beimessen, sondern möglichst intensiv
auch das Gefühl der Liebe für etwas oder jemanden
empfinden. Auf diese Weise vermitteln Sie Ihrem Unterbewußtsein den Inhalt des gewünschten Endzustands besonders deutlich. Auch Metaphern, also der
Wirklichkeit entlehnte Bilder, die bestimmten Ge-
fühlszuständen zugeordnet werden, eignen sich zur

Darstellung abstrakter Begriffe. So kann beispielsweise eine Waldlichtung für Sie »Frieden« oder
»Stille« symbolisieren. Oder aber das Bild eines Fall-
schirmspringers drückt für Sie »Mut« besonders deutlich aus. Welche Metaphern jedoch in Ihrem ganz persönlichen Fall besonders zweckdienlich sind, müssen
Sie selbst bestimmen. Achten Sie unbedingt darauf,
daß das Bild unmißverständlich ist. Sonst »arrangiert«
Ihr Unterbewußtsein beim Anblick einer Waldlichtung vielleicht einen Waldspaziergang für Sie.

Der eine oder andere der nachstehend aufgezählten
Begriffe könnte bei der Kreierung Ihres Vorstellungs-
musters eine Rolle spielen. Versuchen Sie daher
übungshalber, ein Symbol für jeden der genannten
Begriffe zu finden und das diesen entsprechende Gefühl nachzuerleben: Freiheit, Harmonie, Kraft, Gesundheit, Leben, Freude, Mut, Treue, Geborgenheit,
Glück, Arbeit, Vertrauen, Geduld, Gelassenheit, Leistung, Erkenntnis, Toleranz, Güte, Weisheit, Schönheit. Sie können die Reihe nach Belieben fortsetzen!

Imaginieren Sie Ihr Wunscherlebnis mit allen Sinnen

Sobald Sie gelernt haben, jedes von Ihnen gewünschte Vorstellungsbild in vollkommener Klarheit
zu produzieren, das heißt innerlich zu *sehen*, sollten
Sie auch Ihre übrigen Sinne innerlich aktivieren und
im Zuge der Imaginationsübung alles, was Sie sehen,
auch fühlen, riechen, schmecken und hören. Mit
einem Wort: Versuchen Sie, die von Ihnen vorgestellten Situationen zu einem imaginierten *Erlebnis* zu
verdichten.

Spüren Sie, wie Sie sich in dem erträumten Auto

oder Haus fühlen! Erleben Sie sich in Ihrer zukünftigen Stellung! Erleben Sie auch die Begeisterung und
Erfülltheit, die Sie bei der Ausübung der neuen Tätigkeit empfinden. Vermitteln Sie sich einen überwältigend starken Eindruck von der Wirklichkeit des erwünschten Endzustandes.

Das ist besonders dann wichtig, wenn Sie krank
sind und mit Hilfe des Mentaltrainings wieder gesund
werden möchten. Imaginieren Sie in diesem Fall
nicht, daß die Symptome und die Schmerzen allmählich verschwinden, sondern imaginieren Sie ein Bild,
das Sie im Zustand völliger Gesundheit zeigt, zum
Beispiel im Meer schwimmend, und seien Sie dankbar über die Genesung. Das Unerwünschte darf in
Ihrer Vorstellung gar nicht mehr vorkommen, auch
nicht abgeschwächt oder gemildert; vorkommen soll
das von Ihnen vorweggenommene Gute, das Erwünschte. Andernfalls stabilisieren Sie den unerwünschten Zustand nur, da Sie ja Ihre Aufmerksamkeit und Energie auf diesen richten.

Sie können sich einen Wunsch, den Sie haben, in
einem Bild der Verneinung oder der Bejahung vorstellen. Zum Beispiel wünscht eine Mutter, ihr krankes Kind möge gesund werden. Wenn sie ihr Kind im
Geiste im Krankenhausbett sieht, was sie ja nicht
wünscht, ist das ein Vorstellungsbild, das sie verneinen muß. Sieht sie hingegen ihr Kind auf einer Frühlingswiese spielen, so ist das ein Vorstellungsbild der
Bejahung ihres Wunsches. Sowohl das positive als
auch das negative Vorstellungsbild ist wirksam – aber
die Wirkung ist gegenteilig. Nur ein von positiven Vorstellungsbildern begleiteter Wunsch kann in Erfüllung gehen. Ein negatives Vorstellungsbild bewirkt,
daß der unerwünschte Zustand sogar noch verstärkt
wird, weil das Unterbewußtsein den Sinn einer Ver-

neinung nicht versteht, wohl aber von dem negativen Bild selbst beeindruckt wird und alles unternimmt, um dessen Verwirklichung herbeizuführen. Das Unterbewußtsein arbeitet immer auf die Verwirklichung jenes Zustands hin, den wir ihm in Form einer bildhaften Vorstellung »einpflanzen«.

Mitunter kann es vorkommen, daß sich das Unterbewußtsein »widerspenstig« verhält. Dies ist nur natürlich; denn wenn wir unser Unterbewußtsein jahrelang vernachlässigt, ihm also völlig unkontrolliert überlassen haben, durch welche Eindrücke – Gedanken, Gefühle, Lebenserfahrungen – es geprägt wird, so wird es sich vermutlich zunächst weigern, unsere ihm nun plötzlich bewußt »aufgenötigten« Vorstellungen und gezielten Wünsche anzunehmen. In solchen Fällen empfiehlt sich die Anwendung der »pulsierenden Imagination«.

Ihr Unterbewußtsein muß sich, einem widerspenstigen Kind vergleichbar, an die neue Herrschaft, die Sie bewußt etablieren, gewöhnen; andererseits läßt es sich nur beeindrucken, wenn es Ihren Suggestionen in Wort und Bild für längere Zeit ausgesetzt ist. Halten Sie daher am Anfang Ihr erwünschtes Vorstellungsbild immer nur für zwei bis drei Sekunden fest, lassen Sie es dann los, und nehmen Sie es nach einigen Sekunden wieder auf. Wenn Sie in diesem Rhythmus vorgehen, wird sich Ihr Unterbewußtsein viel leichter fesseln und somit nachhaltiger beeindrucken lassen.

Behandeln Sie Ihr Unterbewußtsein immer behutsam, denn Sie sind schließlich auf seine Mithilfe angewiesen. Auf diese Weise wird es Ihnen im Laufe der Zeit immer besser gelingen, Ihr Unterbewußtsein so zu prägen, daß es zu Ihrem Besten arbeitet.

Übung 6: Die Fixierung der Wunschvorstellung

Vielleicht gelingt es Ihnen nicht immer, bestimmte Vorstellungsbilder klar und deutlich zu sehen, weil Ihre Konzentrationsfähigkeit aus irgendwelchen Gründen gerade geschwächt ist. Für diesen Fall gibt es geistige Hilfen, die Sie sicher zum Ziel führen. Sie können nach Belieben die eine oder die andere Übung machen:

Eine bewährte Methode ist es, das gewünschte Zielbild sozusagen im Geiste zu malen. Greifen Sie – wenn nötig – in Ihrer Vorstellung zu Pinsel und Farbe und malen Sie sich Strich für Strich das gewünschte Bild auf eine imaginäre Leinwand. Auf diese Weise können Sie sich Ihr Vorstellungsbild Schritt für Schritt erarbeiten. Sie können aber auch eine Bühne mit geschlossenem Vorhang imaginieren. Ziehen Sie nun diesen Vorhang im Geiste ganz langsam zur Seite und konzentrieren Sie sich immer nur auf den jeweils sichtbaren Bildausschnitt.

Oder sehen Sie im Geiste das gewünschte Zielbild am Ende eines langen Tunnels und gehen Sie dann langsam durch diesen Tunnel auf das Bild zu. Mit jedem Schritt können Sie mehr Einzelheiten erkennen, und wenn Sie den Tunnel durchschritten haben, stehen Sie vor dem vollständigen Bild und können es scharf und klar erkennen.

Schließlich können Sie sich auch vorstellen, wie Sie ein verschmutztes, staubiges Bild abputzen und reinigen, bis alle auf dem Bild dargestellten Einzelheiten wieder klar und deutlich zu erkennen sind.

Arbeiten Sie in Zukunft mit jener Methode, die Ihnen am meisten liegt, oder entwickeln Sie eine ganz neue Technik, ein Vorstellungsbild Schritt für Schritt immer klarer werden zu lassen.

Vielleicht stellen Sie sich vor, wie Sie in einem Kino sitzen, bevor der Film begonnen hat. Sie sitzen also zunächst vor einer leeren Leinwand, lassen dann langsam das Licht ausgehen und »projizieren« dann Stück für Stück die Einzelheiten Ihrer Wunschvorstellung auf diese Leinwand. Wenn Sie das fertige Bild lebendig und klar vor Augen haben, lassen Sie es Teil eines kleinen Films werden, in dem Sie selbst mitspielen. Sehen Sie zum Beispiel, wie man Ihnen zu Ihrer bestandenen Prüfung gratuliert, wie Sie in das neue Haus einziehen, wie Sie in Ihren neuen Wagen einsteigen oder wie Sie gerade Ihren Wunschpartner kennenlernen. Nehmen Sie diesen Film mit allen Ihren Sinnen im Geiste wahr und verinnerlichen Sie das Wahrgenommene, als sei es bereits Teil Ihres Lebens. Auf diese Weise nehmen Sie das imaginierte Geschehen geistig in Besitz.

Nehmen Sie sich, wenn Sie mit dieser Übung beginnen, immer die Zeit, alle Bilder, die Sie projizieren, wirklich klar und deutlich werden zu lassen. Nach einer Weile wird es Ihnen immer leichterfallen, gestochen scharfe Vorstellungsbilder zu produzieren und Ihre Vorstellungskraft ganz nach Ihrem Willen zu lenken.

Nachdem Sie gelernt haben, jedes erwünschte Vorstellungsbild auf Ihre »innere Leinwand« zu projizieren, sollten Sie nun dazu übergehen, ein genaues Bild des Zustandes zu entwerfen, den Sie mit Ihrem größten Wunsch anstreben. Visualisieren Sie diesen Zustand oder dieses Erlebnis in möglichst lebendiger Form in allen Einzelheiten. Beziehen Sie auch Geräusche, Gerüche, Geschmacksnuancen und Körperempfindungen in Ihre Vorstellung mit ein. Sorgen Sie dafür, daß Ihnen in Ihrer Phantasie das Ziel so nahe wie möglich rückt.

Kapitel 10

Imaginationsmethoden, die der Selbsterkenntnis dienen

Das katathyme Bilderleben verschafft Ihnen wertvolle Einsichten

Es gibt eine Reihe von Imaginationsübungen, die in der klassischen wie in der zeitgenössischen Psychotherapie Anwendung finden. Es handelt sich um Imaginationserfahrungen, die uns in symbolisch verschlüsselter Form Auskunft über unsere innere Situation geben. Einer der sachkundigsten Forscher auf diesem Gebiet ist der Göttinger Professor HANSCARL LEUNER, der seine Methode als »katathymes Bilderleben« (Bild-Erleben) bezeichnet (von altgriechisch *kata* = gemäß und *thymos* = Seele).

Beim katathymen Bilderleben versetzt sich der Imaginierende in bestimmte vorgegebene Situationen, deren konkrete Ausgestaltung jedoch ihm selbst überlassen bleibt. Je nach der Qualität der von ihm hervorgebrachten Vorstellungsbilder sind Rückschlüsse auf die allgemeine Lebenssituation des Imaginierenden möglich. Das katathyme Bilderleben stellt daher einerseits ein geeignetes Training Ihres Vorstellungsvermögens dar und gewährt Ihnen andererseits Einblick in Ihre wahren Lebensprobleme und Aufgaben.

Es kann sein, daß Sie dabei Umstände sehen oder

Situationen erleben werden, deren Bedeutung Ihnen
nicht sofort klar wird. Stören Sie sich jedoch nicht
daran, sondern versuchen Sie nur, das jeweilige Bild
so deutlich wie möglich werden zu lassen. Vielleicht
verstehen Sie die Bedeutung erst später, vielleicht
können Sie sich aber auch mit einem Freund oder
einer Freundin zusammensetzen und gemeinsam herausfinden, was dieses oder jenes Bild aussagen
möchte.

Es gibt eine Reihe grundlegender Erlebnisse, die im
katathymen Bilderleben Teil Ihrer Erfahrung werden
können. Von den wichtigsten wird im folgenden die
Rede sein.

1. Der Gang in den Keller

Der Keller ist das Symbol des Unterbewußtseins
schlechthin. Dort sind unsere Ängste, Komplexe und
verdrängten Gefühle aufbewahrt. Wenn Sie also im
Geiste in den Keller Ihres Unterbewußtseins hinab-
steigen, können Sie dort unten erfahren, welche Ihrer
Probleme besonders dringend einer Lösung bedürfen
und wo Ihre wichtigsten Aufgaben liegen. Räumen
Sie alles Gerümpel auf, werfen Sie hinaus, was Sie
nicht mehr gebrauchen können. Steigen Sie in Ihrer
Vorstellung immer wieder in den Keller hinab und
lernen Sie, sich mit Ihren ins Unterbewußtsein verdrängten Konflikten und Problemen zu konfrontieren
und diese zu lösen.

2. Der Wiesenspaziergang

Der Zustand der von Ihnen imaginierten Wiese spie-
gelt die allgemeine Situation Ihres Lebens wider. Beachten Sie daher besonders:

O Wie ist das Wetter? Ist der Himmel blau oder hängen Wolken über Ihrer Wiese?

○ Wachsen dort Blumen und sind deren Blüten bunt und schön oder eher unscheinbar?

○ In welcher Jahreszeit befinden Sie sich?

○ Ganz in Ihrer Nähe gibt es einen Fluß, einen See oder einen Teich. Ist das Gewässer breit beziehungsweise groß?

○ Ist es klar oder verschmutzt? Wodurch ist es verunreinigt?

Räumen Sie ruhig Hindernisse aus dem Flußbett. Wenn erforderlich, können Sie auch ein neues Flußbett graben. Gehen Sie auch einmal zur Quelle des von Ihnen imaginierten Flusses zurück und trinken Sie aus dieser.

Beobachten Sie auch, wie sich die Wiese von Sitzung zu Sitzung verändert. Auf diese Weise werden Sie im Laufe der Zeit die Bedeutung der verschiedenen Symbole immer besser verstehen lernen.

3. Der Aufenthalt in dem »Raum der Türen«

Der von Ihnen imaginierte Raum ist von vielen Türen gesäumt, die mit Aufschriften versehen sind. Die Aufschriften bringen Sie selbst an. Stellen Sie sich das Imaginationserlebnis etwa entsprechend der Abbildung vor.

Die Aufschriften könnten etwa wie folgt lauten:

○ Die Lösung meines Problems

○ Wie ich zu meiner Lebensaufgabe finde

○ Die Sicherung meiner Zukunft

○ Der richtige Partner für mich

○ Mein Idealberuf

○ Was ich zu meiner Heilung tun muß

Sie können die Türen natürlich auch mit völlig anderen Aufschriften versehen und dann in den entsprechenden Räumen nach den symbolisch verschlüsselten Antworten auf Ihre Fragen Ausschau halten.

4. Das »Bad der inneren Reinigung«

Stellen Sie sich vor, wie Sie in ein großes, mit reinem, weißem Licht angefülltes Bad steigen. Lassen Sie sich von dem Bewußtsein durchdringen, daß alles Unreine, alles Störende in diesem Bad von Ihnen abfällt und abgewaschen wird. Verbleiben Sie so lange in diesem Licht, bis Sie selbst ganz lichtdurchflutet sind.

Sie können diese Imaginationsübung zur Verstärkung ihrer Wirkung auch noch mit folgenden Worten begleiten: »Ich gehe im Licht des reinen Bewußtseins durch das Leben. Nur Gutes, Hilfreiches und Aufbauendes geht von mir aus, und nur Gutes kann mich erreichen. Ich bin reines, lichtvolles Bewußtsein. Dieses Bewußtsein durchdringt und erfüllt mein ganzes Sein mit Harmonie.«

Nutzen Sie die Möglichkeit des Zugangs zum Überbewußtsein

Die nachstehend beschriebene Imaginationstechnik ist äußerst wirksam und bietet Ihnen nicht nur enorme Möglichkeiten der Selbsterkenntnis, sondern auch Hilfestellungen für die Lösung von Problemen und wertvollen Rat in allen Lebenslagen. Um in Genuß dieser positiven Wirkungen zu gelangen, müssen Sie im Zustand der Entspannung imaginieren, daß Sie einen sehr hohen Berg besteigen. Auf dem Gipfel dieses Berges finden Sie eine Hütte oder eine Höhle, und in dieser Behausung wohnt ein alter, weiser Mann.

Der alte, weise Mann repräsentiert das Überbewußtsein, das, zugänglich über das Unterbewußtsein, vom Ich des Menschen unabhängig und diesem weit überlegen ist. Wegen der Unvereinbarkeit mit den üblichen psychologischen Definitionen hat Carl Gustav Jung die Figur des »alten Weisen« als Verkörperung des Selbst dargestellt, also des »Zentrums der Gesamtpersönlichkeit, die Bewußtes und Unbewußtes umfaßt«.

Vielleicht werden Sie den Weg zu dieser Verbindung als zu »märchenhaft« empfinden. Doch in der Tat ist die Bergbesteigung die beste Methode, um Ihr Unterbewußtsein zu motivieren. Denn Ihr Unterbewußtsein »denkt« in Symbolen und Bildern.

Wenn Sie schließlich auf dem Gipfel bei dem alten Weisen angekommen sind, so können Sie entweder Fragen an ihn richten oder ihn um Rat bitten. Es gibt mehrere Möglichkeiten, wie der alte Mann Ihnen antworten kann:

○ Entweder er spricht direkt zu Ihnen, und Sie erfahren die Antwort aus seinem Munde,

O oder er schreibt Ihnen die Antwort auf ein Blatt
  Papier oder auch etwa auf eine Wandtafel,
O oder die richtige Antwort wird Ihnen bereits in
  dem Augenblick bewußt, da Sie fragen.
Eine andere Möglichkeit, Einblick in die Geheimnisse
Ihres unbewußten Seelenlebens zu erhalten, ist es,
unmittelbar im »Buch Ihres Lebens« zu lesen. In diesem imaginierten Buch ist alles aufgezeichnet, was
mit Ihrem Leben zu tun hat. Sie brauchen nur das
entsprechende Kapitel »aufzuschlagen«, um über alle
Bereiche Ihres Lebens die erwünschten Informationen zu erhalten.

Wenn Sie feststellen müssen, daß ein gesuchtes Kapitel fehlt oder die Seite, die Sie aufgeschlagen haben,
unbeschrieben ist, so sind Sie entweder in der befrag-
ten Hinsicht ein »unbeschriebenes Blatt« (was wenig
wahrscheinlich ist), oder aber Ihr Überbewußtsein
gibt bestimmte Informationen nicht frei, weil diese
Sie belasten würden oder die Zeit für eine Antwort
noch nicht reif ist.

Vermeiden Sie übersteigerte Erwartungshaltung und jede Anstrengung

Wie bereits erwähnt, eröffnet die »Bergbesteigung«
phantastische Möglichkeiten der Selbsterkenntnis; es
gibt auf diesem Weg aber auch Stolpersteine, die Sie
kennen und vermeiden sollten:
1. Wenn Sie eine bestimmte Antwort auf Ihre Frage
   fest erwarten, so ist es sehr wahrscheinlich, daß Sie
   genau diese Antwort auch erhalten, weil sich Ihr
   Verstand einschaltet und anstelle des Überbe-
   wußtseins, des Selbst als Zentrum Ihrer Gesamtpersönlichkeit, antwortet. Es ist also notwendig,

daß Sie nichts Bestimmtes erwarten, für jede Antwort offen bleiben und sich darüber im klaren sind, daß die Antwort des alten Weisen sehr ungewöhnlich und unerwartet ausfallen kann.

2. Vermeiden Sie eine übersteigerte Erwartungshaltung. Wenn Sie sich innerlich verkrampfen, verbauen Sie sich selbst jeden Kontakt zum Überbewußtsein, und auch ein bereits bestehender Kontakt bricht leicht ab, wenn der Verstand zu stark eingreift oder wenn Sie allzu bemüht sind »mitzuhelfen«. In all diesen Fällen bewahrheitet sich die Erkenntnis, daß jede Anstrengung das Gegenteil dessen bewirkt, was wir erreichen wollen, wobei unter »Anstrengung« ein selbstauferlegter Erfolgsdruck, ein krampfhaftes Wollen, zu verstehen ist. Bleiben Sie statt dessen während der Meditation gelassen und lassen Sie alles, was passiert, ruhig geschehen! Denken Sie erst später über die Folgen Ihrer neu gewonnenen Erkenntnisse nach. Nehmen Sie während der Meditation einfach erst einmal das zur Kenntnis, was vor Ihrem geistigen Auge erscheint.

Wie können Sie aber nun erkennen, ob die Antworten, die Sie erhalten, auch wirklich Ihrem Überbewußtsein entstammen? Wie schon gesagt, ist es durchaus möglich, daß Sie infolge des auf Ihnen lastenden Erfolgsdrucks von seiten Ihres Intellekts genau die Antwort erhalten, auf die Sie ohnehin vorbereitet sind. Wie aber können Sie sich Klarheit über die Echtheit der von Ihnen erhaltenen Antworten verschaffen? Auf diese Frage gibt es keine eindeutige Antwort.

Ich möchte Ihnen jedoch eine kleine Geschichte erzählen, die verdeutlicht, auf welcher Ebene Sie über die Echtheit oder Unechtheit Ihrer Meditationserfahrungen zu entscheiden haben.

Ein Mädchen fragt seine Mutter: »Du, woran merkt man eigentlich, daß man verliebt ist?« Die Mutter erwidert: »Ich kann dir auch nicht sagen, woran man merkt, daß man verliebt ist, aber wenn du verliebt bist, dann weißt du's ganz einfach.«

Ähnlich verhält es sich mit dem Kontakt zum Überbewußtsein. Es ist schwer zu erklären, welches Gefühl man hat, wenn der Kontakt da ist, doch wenn es soweit ist, werden Sie es ganz sicher spüren, denn diese Kontaktaufnahme offenbart sich als ein Gefühl des Glücks und der spontanen Erweiterung des Bewußtseins. Solange Sie jedoch Zweifel an der Echtheit Ihrer Erfahrung hegen, müssen Sie immer damit rechnen, daß diese Zweifel auch berechtigt sind.

Übung 7: Selbsterkenntnis durch Imagination

Machen Sie nun die Ihre Selbsterkenntnis entscheidend fördernde Übung der Imaginierung des »Raums der Türen«. Überlegen Sie sich zunächst, mit welchen Aufschriften Sie die Türen versehen. Schreiben Sie sich das auf. Dann denken Sie nach, welche Tür Sie öffnen, in welchen Raum Sie eintreten möchten, um die Lösung des in der Türaufschrift gekennzeichneten Problems zu finden. Halten Sie nach Durchführung der Übung schriftlich fest, was Sie in dem Raum gesehen oder überhaupt erlebt haben und wie Sie Ihre Eindrücke deuten.

Wenn Sie die ebenfalls wichtige Übung der Bergbesteigung durchführen, sollten Sie vor deren Beginn die Fragen, die Sie an Ihr Überbewußtsein richten möchten, schriftlich festhalten und desgleichen die Antworten, die Sie erhalten, sofort nach der Meditationsübung schriftlich niederlegen.

Kapitel 11

Die Macht des Glaubens
und des Gefühls

Wie Sie Ihrem Wunsch Dynamik verleihen

Die sprachliche Formulierung und die bildhafte Ausgestaltung Ihres Wunscherlebnisses sind gleichsam die zwei Hälften der einen Zielsetzung, der Sie sich verschrieben haben. Sorgen Sie dafür, daß beide Hälften inhaltlich übereinstimmen; andernfalls blockieren sich zwei verschiedene Zielvorstellungen gegenseitig.

Ihre Wunschformel sollte also genau in Worte fassen, wie Sie sich die Erfüllung Ihres größten Wunsches vorstellen. Außerdem sollte, wann immer Sie Ihren Wunschgedanken klar aussprechen, das entsprechende Bild oder Erlebnis auf Ihrem geistigen Bildschirm erscheinen. Wenn diesbezüglich zwischen Denken und Vorstellen Übereinstimmung herrscht, prägt sich dem Unterbewußtsein das Bild des erwünschten Endzustands besonders tief ein.

Aber es genügt nicht, daß Sie Ihrem Unterbewußtsein einen bildhaften Eindruck von Ihrem Ziel vermitteln, Sie müssen auch dynamische Energien aufbringen, wenn Sie Ihr hochgestecktes Ziel erreichen wollen. Und um diese Energien zu aktivieren, muß Ihr Vorstellungsbild des erreichten Zieles von einem starken Gefühl und einem unbeirrbaren Glauben an Ihren schließlichen Erfolg begleitet sein.

Wort und Bild allein sind statisch. Deswegen wurde Ihnen empfohlen, Ihr Wunscherlebnis als geistigen Film abrollen zu lassen. Doch die entscheidende Bewegung ergibt sich erst aus dem Glauben an die Wirksamkeit und dem positiven Gefühl des Annehmens und Bejahens Ihres in Wort und Bild fixierten Wunsches; erst damit kommt ein dynamischer Prozeß in Gang. Nur wenn die genannten Faktoren allesamt harmonisch zusammenwirken, bahnt sich Schritt für Schritt die Verwirklichung Ihres Wunsches an. Doch dabei sind Glaube und Gefühl wichtige, ja ausschlaggebende Faktoren.

Wir alle tragen Überzeugungen in uns. Grundsätzlich nehmen wir in dem, was wir glauben, eine zuversichtliche oder eine pessimistische Haltung ein. Viele Menschen wissen heutzutage, daß eine zuversichtliche Lebenseinstellung eine der grundlegenden Voraussetzungen für Glück und Erfolg im Leben ist. Aber nur wenige haben erkannt, daß der Glaube eine Macht darstellt, die im wahrsten Sinne des Wortes »Berge versetzen« kann, und nur eine verschwindende Minderheit der Menschen wendet diese Macht bewußt an. Die Kraft zur Verwirklichung unserer Wünsche wächst in dem gleichen Maße, wie unser Glaube an ihre Verwirklichung zunimmt.

Glaube bedarf keiner Beweise, er schafft sie

Auch wer in das, was er glaubt, kein Vertrauen setzt, glaubt – er glaubt eben nur an das Falsche. Wer vor Versagen oder vor dem Alter Angst hat, wer Einsamkeit fürchtet oder Schmerzen, der geht von Überzeugungen aus, die falsch, weil sie negativ sind. Solcher Glaube zieht zwangsläufig alles Negative an. Das für uns Gute bewirkt hingegen ein Glaube, der sich nicht mehr auf den äußeren Schein, sondern auf das innere Sein stützt und auf diese Weise verursacht, daß das Geglaubte, also der Inhalt unseres Glaubens, sich in unserem Leben verwirklicht.

Über wahren oder falschen Glauben denkt man im Normalfall gar nicht erst nach, denn die betreffenden Überzeugungen sind den meisten Menschen nicht einmal bewußt: so selbstverständlich sind sie. Solange wir uns noch selbst von etwas überzeugen müssen, ist unser Glaube noch lange nicht vollkommen. Die Notwendigkeit solcher Selbstüberredung beweist nur unsere – bewußten oder unbewußten – Zweifel. Wenn wir an die Erfüllung eines Wunsches wirklich glauben, so ist die Verwirklichung geistig bereits vollzogen und eine feststehende Tatsache. Glaube ist daher das innere Erfülltsein von einer Vorstellung, deren Verwirklichung nicht nur möglich, wahrscheinlich oder wünschenswert erscheint, sondern gewiß ist!

Glaube ist also nicht nur Bejahung, sondern Gewißheit der Verwirklichung des gläubig Bejahten. Wer nur glaubt, was er sieht, der glaubt erst an Sinn und Wirkung des Säens, wenn er die Ernte sieht. Wer sät, muß jedoch an das Aufgehen der Saat glauben, obwohl er davon nicht das Geringste sieht; ohne diesen Glauben läßt er es besser bleiben.

Glaube ist ein inneres Wissen, das sich nicht auf äußere Beweise stützt, sondern diese Beweise erst schafft. Wissen stellt Tatsachen fest, Glaube schafft Tatsachen! Die Tatsachen erwachsen Ihrem dankbaren Bejahen der inneren Wirklichkeit! Sie müssen nur die innere Gewißheit haben, daß das Erwünschte, nachdem die Ursache gesetzt ist, bereits geschaffen ist, und Sie müssen sich dieser Tatsache dankbar erfreuen.

Das heißt aber auch: Wenn der Glaube schwach ist, so sind auch seine Wirkungen im Leben des einzelnen schwach. Mangelnder Glaube ist Zweifel, und Zweifel ist Trennung von der Erfüllung. Erst der Glaube bewirkt, daß die im Geiste bewegten Ideen sich unbehindert verwirklichen können.

Je nach Inhalt und Intensität unseres Glaubens arbeitet dieser also entweder für oder gegen uns, denn die Kraft des Glaubens verwirklicht immer nur das, wovon wir innerlich fest überzeugt sind. Wenn wir davon überzeugt sind, daß ein Vorhaben scheitern wird, so verursachen wir auf diese Weise sein Scheitern. Ebensogut aber können wir die Kraft unseres Glaubens auf den erwünschten Endzustand richten; das kostet uns die gleiche Mühe, bringt uns jedoch sicher den gewünschten Erfolg.

Verbinden Sie das, was Sie glauben, mit Gefühl

Die Fähigkeit zu glauben ist eine Geistes- und Gefühlshaltung, die sich durch Bejahung schaffen und verstärken läßt. Sie können sie wie einen Muskel trainieren. Durch die gläubige Bejahung Ihres Wunsches, das heißt die Vergegenwärtigung des erwünschten Endzustandes, und die unaufhörliche Wiederholung dieser Vorstellung bis zu ihrer Verwirklichung versetzen Sie sich in die Lage, Blockierungen aufzulösen und die Kraft Ihres Glaubens immer mehr zu entwikkeln und zu festigen.

Viele Menschen können heutzutage nicht mehr glauben; ihnen fehlt vor allem das Vertrauen, eingebettet zu sein in die Harmonie der Schöpfung. Um also zur Fähigkeit zu glauben zurückzufinden, müssen wir zunächst lernen, uns ganz bewußt als Teil der allumfassenden Ordnung zu fühlen, uns ihr einzufügen und unsere Angelegenheiten in Ordnung zu bringen.

Ihre Glaubensfähigkeit sollten Sie in kleinen Schritten entwickeln. Nehmen Sie sich zunächst bewußt vor, daß Sie in Zukunft an bestimmte Dinge fest glauben. Es muß nichts Hochgestelztes sein. Glauben Sie zum Beispiel: Ich liebe meine Arbeit. Oder: Ich habe den richtigen Partner gefunden. Wenn Sie sich einen solchen Fixpunkt des Glaubens schaffen, lernen Sie zunächst einmal das Gefühl, das mit festem Glauben einhergeht, kennen und können Ihr Bewußtsein ganz mit diesem Gefühl erfüllen. Halten Sie dieses Gefühl fest! Verbinden Sie es mit einem Wunsch, und Sie haben ein fertiges, gefühlsbesetztes Vorstellungsmuster geschaffen, das Sie zur Erreichung Ihres Zieles einsetzen können.

Gehen Sie dann einen Schritt weiter und konzentrieren Sie sich auf ein Ziel, an dessen Verwirklichung Sie nur mit einiger Mühe glauben können. Mobilisieren Sie bewußt die ganze Kraft Ihres Glaubens. Durch gläubiges Bejahen Ihrer Wunschvorstellung setzen Sie die Ursache für die Verwirklichung dieses Wunsches und verschaffen sich so ein Erfolgserlebnis. Viele solcher Erfolgserlebnisse führen dann zur Glaubenserfahrung, und aus dieser Erfahrung wächst schließlich wieder das für alle Menschen so wichtige, im Kind vorhandene Urvertrauen, in der Harmonie der Schöpfung geborgen zu sein.

»Was ihr sät, das werdet ihr ernten«

Doch sollten Sie sich vor blindem Glauben hüten. Blinder Glaube ergeht sich in Hoffnungen, ohne daß

Ursachen gesetzt werden. Hingegen ist das Wissen, daß das Gewünschte auf jeden Fall eintreten muß, berechtigt, wenn die entsprechenden Ursachen gesetzt sind und die ganze Kraft des Glaubens auf das gewünschte Ziel hingelenkt wird. Wenn Sie den Samen säen, so müssen Sie unbeirrbar davon überzeugt sein, daß bei entsprechender Pflege die erwartete Frucht aus ihm wachsen wird.

Wenn Sie in der beschriebenen Weise vorgehen, so wird die Kraft Ihres Glaubens allmählich stärker. Anwandlungen des Zweifels lassen sich auflösen, indem Sie sich bewußtmachen, daß Sie ständig Ursachen setzen und die entsprechenden Wirkungen unfehlbar als Lebenserfahrung auf Sie zukommen. Wenn Sie also erwünschte Ursachen setzen, so *müssen* erwünschte Wirkungen auf Sie zukommen. Diese Verkettung von Ursache und Wirkung ist ein geistiges Gesetz, das immer Gültigkeit hat. »Wie ihr sät, so werdet ihr ernten.«

Doch selbst der festeste Glaube bleibt wirkungslos, wenn Sie die Erfüllung Ihres Wunsches erst von der Zukunft erhoffen. Damit akzeptieren Sie für die Gegenwart automatisch den Zustand des Mangels, ja Sie akzeptieren: Die Wunscherfüllung findet später, irgendwann oder nie statt! Erst wenn Sie den Zustand der Erfüllung geistig vorwegnehmen und innerlich als gegenwärtig empfinden, öffnen Sie Ihrer Glaubenskraft den Weg, Sie auch wirklich bis an Ihr Ziel zu tragen. Deswegen sollten Sie schon im voraus dankbar dafür sein, daß Ihr Wunsch sich erfüllt hat. Denn man dankt für etwas, das man bereits erhalten hat, und damit verlegen Sie die – eigentlich noch ausstehende – Erfüllung in die Gegenwart und machen sich jetzt bereit, das Gewünschte zu empfangen.

Wer zutiefst glaubt, befindet sich im Besitz der größten Kraft dieses Universums – des Glaubens, der, wie gesagt, »Berge versetzt«. Aus diesem Grund betonte auch JESUS immer wieder die Bedeutung des Glaubens und übrigens auch des unbeirrten Ausharrens im Glauben: Heilung werde all denen zuteil, die nicht aufgeben.

Mitunter ist die Wirkung des Glaubens unmittelbar. Nicht selten jedoch muß der betreffende Mensch wochen-, monate- oder gar jahrelang auf die Erfüllung seines Wunsches warten können. Sie müssen daher Ihren Wunsch immer wieder gläubig bejahen. Sagen Sie, wenn Sie krank sind: »Ich glaube, daß die Kraft meines Glaubens mich jetzt heilt, mir jetzt hilft!« Sie sollten den festen Glauben haben, daß alles, was Ihnen widerfährt, zu Ihrem Besten dient.

Der Zusammenhang zwischen unserem Glauben und unserer Lebenserfahrung gilt für den einzelnen Menschen ebenso wie auch für die Gemeinschaft im ganzen Dem persönlichen Schicksal des einzelnen vergleichbar gibt es auch ein kollektives Schicksal, das von einer Gruppe von Menschen oder von einem ganzen Volk gestaltet wird. In dieses Gruppenschicksal eingebettet vollzieht sich das Einzelschicksal.

Wenn also alle Mitglieder einer Gruppe oder sogar eines ganzen Volkes an ein friedliches und glückliches Zusammenleben zutiefst glauben und ihr Leben nach diesem Wunsch ausrichten würden, so bliebe das »Paradies auf Erden« keine Utopie. Um eine Änderung des Menschheitsschicksals zum Positiven hin zu bewirken, würde es schon genügen, wenn nur die Mehrheit der Menschen fest an die Verwirklichung dieses hohen Zieles glaubte. Aus diesem Grund ist es so wichtig, daß jeder einzelne durch positives Denken und den unbeirrbaren Glauben an eine menschliche Zukunft zu einem friedlichen Zusammenleben der Menschen beiträgt.

Wie Sie Ihre Gefühle korrigieren und sinnvoll einsetzen können

Wenn Wille und Gefühl gegeneinander arbeiten, so wird das Gefühl zumeist die Oberhand behalten. Dieser Zusammenhang läßt sich leicht anhand eines einfachen Beispiels aufzeigen: Wenn wir jemanden hassen oder beneiden, so wird es uns kaum etwas nützen, daß wir dieses Gefühl verurteilen und von ihm befreit sein wollen, denn Gefühle sind sehr hartnäckig. Wir müssen lernen, unsere Gefühle unter Kontrolle zu bekommen, weil – positive wie auch negative – Gefühle einen erheblichen Einfluß auf unser Leben ausüben.

Negative, also zerstörerische Gefühle sind schädlich, da wir uns einerseits von ihnen zu unüberlegten Handlungen hinreißen lassen und sie andererseits unserer Gesundheit abträglich sind. Jedes Gefühl löst in unserem Körper chemische Reaktionen aus, die sich in den verschiedenen Organen auswirken. Negative Gefühle führen zum Beispiel zur Produktion giftiger Substanzen. Amerikanische Ärzte haben sogar festgestellt, daß andauernde Sorgen unsere Zähne auszuhöhlen vermögen, weil solche Gefühlsbelastung einen übermäßigen Kalziumbedarf verursacht. Solche Beispiele ließen sich in großer Zahl anführen. Bekannt ist ja auch, daß ständiger Streß oder Ärger Magengeschwüre auslösen kann.

Lebenswichtig dagegen sind positive, also aufbauende Gefühle wie Liebe, Freundschaft, Mitgefühl und, da unser Leben ohne sie kaum lebenswert wäre, vor allem auch Freude. Wie aber können wir unser Gefühlsleben beeinflussen, nachdem doch unsere Emotionen weitgehend unbewußten Ursprungs sind und sich der Kontrolle des Verstandes hartnäckig widersetzen?

Zunächst müssen Sie erkennen, daß alles Geschehen von Natur aus neutral ist. Eine Heirat, ein Todesfall, ein Beinbruch sind völlig natürliche Vorkommnisse im Ablauf menschlichen Lebens. Erst unsere Wertung und unser Urteil machen aus solchen Geschehnissen ein »freudiges Ereignis« oder einen »Schicksalsschlag«. Unsere Wertung hängt aber viel weniger von unserem Verstand als vielmehr von unserem Gefühlsleben ab. Das wiederum findet seine Erklärung in der Tatsache, daß sich nur die wenigsten Menschen mit den Vorgängen in ihrem Unterbewußtsein auseinandersetzen. Gefühle prägen, wie bereits erwähnt, zutiefst unser Unterbewußtsein, und dieses hat seine eigene »Logik«: Wenn der Verstand bei der Verarbeitung des Erlebten nicht korrigierend eingreift, entstehen leicht Gefühlskomplexe, die in der Folgezeit unsere Meinungen, Wertungen und Reaktionen in entscheidendem Maße beeinflussen.

Was wir zu einem gegebenen Zeitpunkt denken und fühlen, hat seinen Ursprung in der Summe unserer vergangenen Erfahrungen. Wenn wir etwas Neues sehen oder erleben, so vergleichen wir es unbewußt sofort mit bereits Erlebtem und Erfahrenem. Dabei kommt es geradezu zwangsläufig zu Fehleinschätzungen und zu übertriebenen oder ungerechtfertigten Gefühlsreaktionen, die unseren Verstand überwältigen und uns in unserem freien Denken behindern.

Sie müssen daher dafür sorgen, daß Sie von nun an möglichst nur noch aufbauende, lebensbejahende Gefühle in Ihnen aufkommen lassen und zerstörerische Gefühle bewußt vermeiden, so daß in Zukunft Ihre Gefühle nur mehr positive Assoziationen in Ihnen auslösen.

Einer Suggestion (in diesem Fall genauer einer Autosuggestion) vergleichbar, die aus einer Vorstellung

und dem festen Glauben an die Gültigkeit dieser Vorstellung besteht, wohnen auch einem Gefühl ein Bild,
das es vermittelt, und unsere Bewertung dieses Bildes
inne. Wir können uns dem Einfluß eines destruktiven
Gefühls jedoch entziehen, indem wir den negativen
Inhalt, den es durch sein Bild suggeriert, ablehnen
und durch ein positives, ein erwünschtes Vorstellungsbild ersetzen.

In gleicher Weise wie unerwünschte Suggestionen
können wir also negative Gefühle, die in uns aufsteigen, ablehnen und sofort durch ein positives Gefühl
ersetzen. Ignorieren Sie in einem solchen Fall destruktive Gefühle nicht, machen Sie sich aber bewußt,
daß Ihren Gefühlen ja keine objektive Wirklichkeit
zukommt, sondern daß Ihnen vielmehr Ihr Unterbewußtsein nur bestimmte Gefühle »anbietet«, die Sie
jedoch nicht anzunehmen brauchen. Betrachten Sie
diese Gefühle bloß als ein Angebot, keinesfalls als
Zwang! Ersetzen Sie daher zukünftig unerwünschte
sofort durch erwünschte, lebensbejahende Gefühle,
etwa der Freude, der Liebe. Lassen Sie solche aufbauenden Gefühle zunächst durch einen bewußten
Akt Ihres Denkens in Ihrer Vorstellung Gestalt annehmen und beginnen Sie dann, sich mit ihnen zu
identifizieren. Anfangs müssen Sie dies, wie gesagt,
ganz bewußt und auch in aller Ruhe tun.

Wenn Sie in der beschriebenen Weise vorgehen,
werden Sie sehr bald schon in der Lage sein, Ihre Gefühle, wenn nötig, bereits im Augenblick ihres Auf-
kommens zu korrigieren und nur noch Gefühle, die
Sie aufbauen, zuzulassen.

Lebensbejahende Gefühle sind nicht nur angenehmer, sie wirken auch allgemein aufbauend und sind
der Gesundheit förderlich. Doch die Hauptwirkung
positiver Gefühle ist es, daß sie die Verwirklichung

der mit ihnen verbundenen Vorstellungsbilder enorm beschleunigen. Daher ist es so wichtig, daß Sie ein Vorstellungsbild nicht nur mit Prana, der kosmischen Vitalkraft, aufladen, sondern zugleich ein Gefühl der Freude über die Erfüllung Ihres Wunsches empfinden. Nicht nur der Glaube muß so stark und festgegründet sein, daß die Erfüllung Ihres Wunsches für Sie gleichsam bereits eine vollendete Tatsache ist, sondern dieser Glaube muß auch von einer entsprechenden Freude und Begeisterung begleitet sein.

Wort und Bild geben Ihrem Wunsch die äußere Gestalt. Erst der Glaube und das Gefühl aber geben ihm den Gehalt und die Kraft zur Verwirklichung!

Übung 8: Die Gefühlsaufladung des gläubig Erwünschten

Rufen Sie sich im Geiste liebevoll Ihre Wunschvorstellung in Wort und Bild oder Ihr Wunscherlebnis in Erinnerung und konzentrieren Sie sich ein bis zwei Minuten lang darauf, bis alle anderen Gedanken und Gefühle aus Ihrem Bewußtsein entschwunden sind. Vergegenwärtigen Sie sich bewußt den von Ihnen erwünschten Endzustand der Wunschverwirklichung.

Seien Sie nun froh und glücklich darüber, daß Ihr unbeirrbarer Glaube an die Verwirklichung Ihres Wunsches auf der Ebene der geistigen Realität bereits Wirklichkeit ist. Empfinden Sie darüber Freude und Dankbarkeit.

Seien Sie sicher: Der dynamische Prozeß der Verwirklichung Ihres Wunsches ist in Gang. Sie haben die seelisch-geistigen Mechanismen ausgelöst, die von selbst in Ihrem Leben ihren Niederschlag finden werden

Kapitel 12

Der Ort der inneren Wandlung

Nur kraft innerer Wahrnehmung werden Sie Ihres Wesens gewahr

Zahllose Expeditionen wurden von wissensdurstigen Menschen schon unternommen – in der Hoffnung, den »allerhöchsten«, den »allerheiligsten« Ort zu finden, an dem der Mensch sein wahres Wesen erkennen und sich ihm das Geheimnis des Lebens offenbaren würde. Eine solche Suche muß jedoch vergeblich bleiben, solange wir dem Geheimnis in der äußeren Welt auf die Spur kommen wollen.

Der eigentliche »geheime« Ort, unser »heiliger Bezirk«, in dem wir Ruhe, Geborgenheit und Erleuchtung finden, liegt in unserem Inneren. Nur am Ort unserer inneren Wandlung kann sich uns unser wahres Wesen offenbaren, löst sich die durch unser äußeres Leben bedingte Verwirrung auf. Der »Ort« der inneren Wandlung ist natürlich kein Zufluchtsort, den uns die Welt bietet, sondern ein Zustand unseres Bewußtseins, in dem ein Gewahrwerden des eigentlichen Seins kraft innerer Wahrnehmung stattfindet. Erwecken Sie dieses »innere Heiligtum« in sich zum Leben!

Das Mentaltraining läuft auf geistig-seelische Selbstvervollkommnung hinaus und soll Ihnen zeigen, wie Sie auf der geistig-seelischen Ebene bewußt

Ursachen setzen können, die sich auf Ihr Leben auf der materiellen Ebene auswirken. Für diesen Prozeß geistig-seelischer Bewirkung ist es hilfreich, wenn Sie sich im Zuge der Durchführung des Mentaltrainings jeweils an einen inneren »Ort« zurückziehen. Diesen imaginären Ort nenne ich eben den »Ort der inneren Wandlung«.

Symbole dieses Ortes der inneren Wandlung sind eine Wiese und ein Berg, die gleichsam einen Spiegel der Persönlichkeit darstellen. Jeder Mensch wird natürlich ein anderes Bild vor Augen haben, wenn er sich »seine« Wiese und »seinen« Berg vorstellt. Im Laufe der Zeit kann sich das Aussehen dieser inneren Landschaft auch verändern, entsprechend den inneren Wandlungsprozessen, die in dem betreffenden Menschen vor sich gehen.

Der Symbolik des Ortes der inneren Wandlung gehört noch ein anderes, ein wichtiges Bild an: es handelt sich dabei um ein auf dem Gipfel des Berges befindliches Lichtwesen; es ist das höhere Selbst des Menschen. Dieses Lichtwesen ist körperlos und kann daher nur aufgrund innerer Wahrnehmung »gesehen« werden. Dennoch können Sie seine Anwesenheit im Zustand der Entspannung spüren, denn es ist real vorhanden und wirksam. Im Zusammenhang mit den in Kapitel 10 erörterten Imaginationstechniken war bereits von diesem höheren »Selbst als dem Zentrum der Gesamtpersönlichkeit« die Rede, das imaginativ in der Figur des »alten Weisen« erfahren werden kann. Es ist nicht wichtig, in welcher Symbolfigur Sie Ihr Erlebnis am Ort der inneren Wandlung imaginieren; wichtig ist, daß Ihnen dieses Erlebnis zuteil wird und Sie sich der Realität des innerlich Erlebten bewußt werden.

Die Wirksamkeit des Mentaltrainings hängt nicht

zuletzt gerade davon ab, in welchem Maße es Ihnen gelingt, die Vereinigung Ihres Ich mit Ihrem höheren Selbst zu vollziehen. Diese Vereinigung sollten Sie jedesmal bewußt herbeiführen, bevor Sie geistig die Verwirklichung eines Wunsches vorwegnehmen.

Die Vereinigung des individualisierten mit dem kosmischen Bewußtsein

Im imaginierten Erlebnis einer Bergbesteigung erhebt sich das Bewußtsein zur Erkenntnis des höheren Selbst. Sind Sie in Ihrer Vorstellung auf dem Gipfel des Berges angelangt, so haben Sie die höchste Bewußtseinsstufe erreicht.

Bevor Sie sich jedoch in Ihrem höheren Selbst erfahren können, müssen Sie die »Vereinigung der Lichter« in sich vollzogen haben. Zu diesem Zweck sollten Sie sich zunächst bewußtmachen, daß Ihr wahres Wesen reines, individualisiertes Bewußtsein ist. Stellen Sie sich daher vor, daß das Licht Ihres Bewußtseins, vom »dritten Auge« ausgehend, Ihren ganzen Körper durchdringt und diesen auch einhüllt. In Ihrer Imagination lassen Sie dieses Licht immer heller erstrahlen und richten dann Ihre Aufmerksamkeit auf das Licht in Ihrer Mitte, in Ihrem »spirituellen Herzen«. Sie lassen dann auch dieses Licht immer heller werden, bis es jede Zelle Ihres Körpers durchdringt und erfüllt.

Anschließend verschmelzen Sie dann das Licht Ihrer spirituellen Mitte mit dem Ihres körperlichen Seins. Verstand und Gefühl werden so in Harmonie vereint und miteinander versöhnt.

Im Zustand höchsten Bewußtseins wenden Sie sich der Sonne zu. Die Sonne symbolisiert das universelle, kosmische Bewußtsein, das die gesamte Schöpfung durchdringt und trägt. Sie öffnen sich ganz und gar und lassen sich von der Vollkommenheit des kosmischen Lichtes durchdringen, bis es Sie ganz erfüllt und umhüllt. Der individualisierte Teil des *einen* Bewußtseins vereinigt sich auf diese Weise mit dem kosmischen Bewußtsein, und Sie sind eins mit dem Einen, das alles Sein trägt und umfängt.

In der Vereinigung der Lichter werden Sie selbst zum Licht. Sie erkennen die Vollkommenheit Ihres wahren Wesens und gehen von nun an als »Botschafter des Lichtes« durch die Welt und durch Ihr Leben.

Das Erleben der inneren Wandlung

Um an den Ort der inneren Wandlung zu gelangen, müssen Sie sich zunächst mit Hilfe der Ihnen am meisten zusagenden Entspannungsmethode in den schöpferischen Bewußtseinszustand versetzen.

Stellen Sie sich dann eine Wiese vor. Ergehen Sie sich voll Freude in dieser Wiese. Nehmen Sie die würzige Luft und den Duft der Blumen in sich auf, lauschen Sie dem Summen der Bienen und dem Rauschen des Windes in den Bäumen. Spüren Sie den warmen Wind auf Ihrer Haut und nehmen Sie das Gras unter Ihren Füßen bewußt wahr. Genießen Sie die warmen Strahlen der Sonne, und wenn Sie auf einen Obstbaum stoßen, pflücken Sie ruhig eine Frucht und beißen Sie hinein. Nehmen Sie die wunderbare Natur um sich herum mit allen Sinnen bewußt wahr!

Ganz in der Nähe ist ein Gewässer: ein Bach, ein Fluß oder ein See. Gehen Sie einmal hin zu diesem Wasser und trinken Sie ruhig daraus. Vielleicht möch-

ten Sie sogar mit dem ganzen Körper in dieses Wasser eintauchen, um sich zu erfrischen? Das Wasser ist
vollkommen klar und rein, und wenn Sie hineintau-
chen oder davon trinken, wird auch Ihr Bewußtsein
gereinigt und geklärt.

Schauen Sie sich dann um. Ganz in der Nähe sehen
Sie einen Berg. Er ist das Symbol Ihrer Persönlich-
keit. Ist er hoch, oder handelt es sich eher um einen
Hügel? Ist er steil, oder kann man ihn leicht erklim-
men? Ist der Gipfel bewaldet oder mit Eis bedeckt?
Gehen Sie nun einmal hin zu diesem Berg.

Am Fuße des Berges sehen Sie einen Weg, der zum
Gipfel hinaufführt. Es ist Ihr Lebensweg. Ist der Weg
breit oder schmal? Ist er leicht zu begehen, oder müssen Sie Hindernisse beiseite räumen? Führt der Weg
in gleichmäßigem Anstieg zum Gipfel hinauf, oder
wird der Aufstieg weiter oben zunehmend schwieriger?

Steigen Sie nun Schritt für Schritt den Berg hinauf,
wobei Sie alle Hindernisse aus dem Weg räumen oder
umgehen. Vom Gipfel aus haben Sie einen herrlichen
Ausblick auf Ihre Umgebung. Schauen Sie sich ruhig
um und genießen Sie den Anblick!

Wenden Sie sich nun der Sonne zu, dem Symbol
kosmischen Bewußtseins, an dem Ihr Selbst Anteil
hat. Spüren Sie, wie die stärkende Wärme des Lichtes
Sie erfüllt. Breiten Sie die Arme aus und nehmen Sie
dieses Licht bewußt in jede Zelle Ihres Körpers auf!
Immer intensiver und in immer größeren Mengen
fließt dieses Licht in Sie ein, immer stärker spüren
Sie seine kräftigen roten Strahlen in sich, bis Sie
schließlich eins mit diesem Licht werden. Sie selbst
strahlen nun dieses klare und reine Licht aus, und Sie
erkennen die Vollkommenheit Ihres wahren Wesens.
Jede Zelle Ihres Körpers ist erfüllt von dieser Voll-

kommenheit, und Sie sind von ganzem Herzen glücklich und genießen die Vereinigung im Licht, die Vereinigung Ihres Ich mit Ihrem höheren Selbst.

Verbleiben Sie in diesem Zustand, so lange Sie
möchten. Am Ende einer solchen Mentaltrainingssitzung sollten Sie noch eine Weile auf dem Berggipfel
verharren und erst nach einigen Worten des Dankes
den Abstieg beginnen, bis Sie sich schließlich wieder
unten auf der Wiese befinden.

Um wieder in Ihr Alltagsbewußtsein zurückzukeh-
ren, müssen Sie sich dann die in der Farbentspannung verwendeten Farben in umgekehrter Reihenfolge vorstellen, also von Violett bis Rot »rückwärts
gehen«. Wenn Sie bei Rot angelangt sind, befinden Sie
sich wieder vollkommen im Hier und Jetzt und fühlen
sich frisch und wohl.

Übung 9: Die Methode der inneren Wandlung

Um diese Übung durchzuführen, nehmen Sie am besten den Pharaonensitz ein. Beobachten Sie Ihren
Atem und lassen Sie ihn dann behutsam ruhiger, tiefer und gleichmäßiger werden.

1. Versetzen Sie sich mit Hilfe Ihrer bevorzugten Methode in den Entspannungszustand. Stellen Sie
   sich anschließend noch einmal die sieben Farben
   der Farbentspannung von Rot bis Violett vor; wenn
   Sie bei Violett angelangt sind, versetzen Sie sich in
   Ihrer Imagination an den Ort der inneren Wandlung, also zunächst auf die von Ihnen imaginierte
   Wiese. Schauen Sie sich an diesem »Ort« in Ruhe
   um und nehmen Sie sich die Zeit, alles bewußt
   wahrzunehmen!

2. Machen Sie sich an den Aufstieg zum Gipfel des Berges. Oben angelangt wenden Sie sich der Sonne zu. Verschmelzen Sie immer mehr mit dem kosmischen Licht und verbleiben Sie in diesem Zustand des Einsseins, so lange sie möchten.

3. Steigen Sie dann nach einigen Worten des Dankes wieder auf Ihre Wiese hinab. Stellen Sie sich dann die sieben Farben der Farbentspannung in umgekehrter Reihenfolge vor, also von Violett bis Rot, bis Sie wieder Ihr normales Tagesbewußtsein erlangt haben und sich vollkommen frisch und wohl fühlen!

Üben Sie diesen Ablauf, sooft Sie können, denn auch ohne die Imagination Ihres Wunsches und die Identifikation mit dem Erwünschten ist dies eine wunderbare Übung, um innere Ruhe und Harmonie zu finden.

Kapitel 13

Geistiges Bewirken und tätiges Handeln

Erfüllen Sie die Voraussetzungen für die Verwirklichung Ihres Wunsches?

Das eigentliche Kernstück des Mentaltrainings besteht darin, auf geistig-seelischer Ebene die Ursachen für die Erfüllung der eigenen Zielvorstellungen zu setzen. In den vorstehenden Kapiteln haben Sie erfahren, wie Sie sich körperlich, geistig und gefühlsmäßig entspannen, wie Sie sich in den schöpferischen Bewußtseinszustand und an den »Ort der inneren Wandlung« versetzen und damit einen Zustand höherer Bewußtheit erlangen können, der Ihnen ermöglicht, die notwendigen Ursachen zur Erfüllung Ihres größten Wunsches zu setzen.

Sie wissen, daß Sie sich die in Wort und Bild vorbereitete Wunschvorstellung ins Bewußtsein rufen und diese in einer einem Film vergleichbar ablaufenden Folge in Ihrer Vorstellung möglichst plastisch ablaufen lassen sollen. Und Sie wissen auch, daß dann dem Gefühl oder der – vorweggenommenen – Freude, die Sie darüber empfinden, daß Sie Ihr Ziel erreicht haben, sowie dem Glauben an die Erfüllung Ihres Wunsches größte Wichtigkeit zukommt. Ihre Wunschvorstellung muß in Wort, Bild und begleitendem Gefühl eine Einheit bilden, muß eine Vision des bereits voll-

zogenen Vorstellungsbildes oder -erlebnisses, das klar
und deutlich vor Ihrem geistigen Auge steht, darstellen. Dieses Bild oder Erlebnis vergegenwärtigen Sie
sich in seiner die Alltagswirklichkeit weit übertreffen-
den Lebendigkeit, so daß Sie Freude und Dankbarkeit
darüber empfinden können, daß Sie die Ursachen gesetzt haben und Ihnen die Erfüllung gewiß ist.

Sie wissen das, weil Sie sich ganz und gar mit der
von Ihnen im Geiste geschaffenen Wirklichkeit identifizieren. Sie sind der unerschütterlichen Überzeugung, daß der entscheidende Schritt nun vollzogen ist.
Sie wissen, daß Ihr Wunsch geistig vorweggenommene Wirklichkeit ist!

In Ihrer Vorstellung ist Ihr Ziel also bereits erreicht, das von Ihnen Erwünschte muß sich »nur
noch« auf der materiellen Ebene verwirklichen. Zur
Verwirklichung kommt es, sobald Sie den »Auslöser«
tatkräftigen Handelns betätigt haben. Freuen Sie
sich, daß es so gut wie geschafft ist!

Ihr Glaube an die Verwirklichung Ihres Wunsches
muß jedoch sehr stark sein. Sie müssen fest davon
überzeugt sein, daß Sie das Notwendige getan haben
und sich Ihr Wunsch erfüllen muß. Für die Wirksamkeit Ihrer Identifikation mit dem Zustand oder Erlebnis des von Ihnen Erwünschten ist sehr entscheidend
die fortwährende Wiederholung des schöpferischen
Aktes. Doch ebenso wichtig ist nun, daß Sie sich nicht
mit dem innerlich Erreichten begnügen, sondern nun
auch etwas tun.

Tragen Sie tätig handelnd bei

Setzen Sie voraus: Auf der geistigen Ebene haben Sie
die notwendigen Ursachen gesetzt, daß Ihr Wunsch-

bild oder -erlebnis verwirklicht wird. Jetzt bedarf es noch des Auslösers, es auch materiell zu verwirklichen. Diesen Auslöser müssen Sie durch eigenes Handeln »betätigen«, damit Ihr Wunsch in Erfüllung gehen kann. Sonst geht es Ihnen wie dem Mann, der täglich zu Gott betete: »Herr, laß mich doch bitte in der Lotterie gewinnen!« und sein Gebet so lange wiederholte, bis er eines Tages eine Stimme aus den Wolken hörte, die sagte: »Guter Mann, gib mir doch wenigstens eine Chance, kaufe dir ein Los!«

Auch wenn Sie die Techniken des Mentaltrainings anwenden, sind Sie noch lange nicht von der Aufgabe befreit, Ihren Teil zur Erfüllung Ihrer Wünsche beizutragen. Alles, was Sie selbst tun können, um dem erwünschten Zustand näherzukommen, müssen Sie selbstverständlich auch tun. Sie sollten dem Leben die Chance nicht vorenthalten, durch Sie hindurch zu wirken!

Was Sie alles tun können, um an der Erfüllung Ihrer Wünsche mitzuwirken, erfahren Sie nachstehend.

Nutzen Sie vorhandene Informationsquellen

Es gibt einige besonders wirksame Methoden, wie Sie Ihre Ziele erreichen können. Je nachdem welchen Wunsch Sie sich erfüllen möchten, müssen Sie die Ihrer Situation angemessenen Maßnahmen ergreifen. Hier eine Auswahl zielführender Verhaltensweisen:

Profitieren Sie von den Pressemedien!
Wann immer Sie bestimmte Kontakte suchen, wird Ihnen das Lesen oder Aufgeben von Zeitungsanzeigen weiterhelfen. Natürlich sollte ein solches Inserat

auch in einer geeigneten Zeitung oder Zeitschrift erscheinen. Wenn eine Weltumseglung Ihr Ziel sein
sollte, so müssen Sie am Kiosk nach einer Segler-
oder Touringzeitschrift fragen, denn auf diesem Wege
werden Sie am ehesten einen geeigneten Partner
oder das finden, was Sie in diesem Zusammenhang
suchen.

Es gibt heutzutage für die ausgefallensten Hobbys
und Freizeitbeschäftigungen Fachzeitschriften, die
Ihnen weiterhelfen können. Sollten Sie jedoch über
den Anzeigenteil einer Zeitschrift nicht weiterkommen, so können Sie sich auch noch die einschlägige
Erfahrung der Redaktion zunutze machen.

*Bedienen Sie sich des Telephons und fragen Sie
Experten um Rat!*
Um die Telephonnummer einer Zeitschriftenredak-
tion zu erfahren, brauchen Sie nur im »Impressum«
nachzusehen. Der für Ihr Interessengebiet zuständige
Redakteur wird sich wahrscheinlich schon jahrelang
mit dem entsprechenden Thema beschäftigen und
kann Ihnen aufgrund seiner persönlichen Erfahrung
bestimmt weiterhelfen oder Ihnen eine Adresse ange-
ben, bei der Sie nachfragen könnten.

Wenn beispielsweise in einer beliebigen Zeitschrift
ein Artikel über einen bekannten Weltumsegler erschienen ist, den Sie gerne zwecks Erfahrungsaus-
tausch kennenlernen möchten, so scheuen Sie sich
nicht, in der Redaktion der Zeitschrift anzurufen, um
die Adresse dieses Mannes oder auch die Adresse des
Verfassers des Beitrags herauszufinden.

Zumindest können Sie damit rechnen, daß ein von
Ihnen geschriebener Brief, wenn Sie ihn mit ausrei-
chend Rückporto versehen haben, an die gewünschte
Person weitergeleitet wird.

»Hangeln« Sie sich von Kontaktperson zu Kontaktperson!

Nur selten wird Ihnen das Schicksal die Erfüllung Ihres Wunsches auf dem »Präsentierteller« überreichen. Auch wenn Sie – um in unserem Beispiel zu bleiben – eine Weltumseglung planen, müssen Sie Findigkeit und Phantasie beweisen, um ans Ziel zu gelangen.

Es kann durchaus sein, daß Sie nicht auf Anhieb den richtigen Ansprechpartner finden, der Ihnen weiterhilft. Doch Sie werden überall auf der Welt Menschen finden, die jemanden kennen, dessen Bruder jemanden kennt, dessen Vater etwas Genaueres weiß.

In diesem Zusammenhang möchte ich Ihnen eine kleine Geschichte aus meinem eigenen Leben erzählen:

Als junger Mann verschlug es mich einmal in eine mir fremde Stadt. Trotz der damals herrschenden Arbeitslosigkeit war ich so sicher, dort auch Arbeit zu finden, daß ich mich zunächst auf die Wohnungssuche machte. Ich fuhr also aufs Geratewohl durch die Stadt und fand mich plötzlich in einer kleinen, stillen Straße mit einem schönen Platz und alten Bäumen wieder. Ich fühlte mich in dieser Gegend so wohl, daß ich »beschloß«, dort zu wohnen.

In einem kleinen Milchgeschäft erkundigte ich mich daher, ob in der Straße wohl jemand ein Zimmer zu vermieten habe. Man sagte mir, daß dies unwahrscheinlich sei, da alle Anwohner schon sehr lange in der Gegend wohnten und sich nur selten eine neue Familie hier niederlasse. Ich könne mich für alle Fälle jedoch einmal bei der Witwe gegenüber erkundigen.

Diese ältere Dame hatte zwar eine reizende Tochter, mit der ich mich später anfreundete; doch ein Zimmer hatte sie nicht für mich. Auch sie sagte mir, daß es sehr schwierig sei, in dieser Straße eine Wohnung zu finden, wenn überhaupt, dann vielleicht zwei Häuser weiter: dort wohne eine Bergarbeiterfamilie, die vor kurzer Zeit ihren einzigen Sohn infolge Unglücksfalls verloren habe. Ob diese Leute jedoch dessen Zimmer vermieten würden, wußte die Dame auch nicht zu sagen.

Ich suchte die Familie sogleich auf und bekam das gewünschte Zimmer, nicht nur das, ich wurde geradezu wie der verlorene Sohn aufgenommen.

Die Vermieterin kannte wiederum jemanden, der in einer bestimmten Firma arbeitete. Dort könne ich, meinte sie, eventuell eine Stelle finden, wie ich sie suchte. Sofort machte ich mich auf den Weg. Der Mann arbeitete inzwischen zwar nicht mehr dort, doch er kannte nach wie vor den zuständigen Sachbearbeiter und rief sofort in der Firma an. Eine Stunde später saß ich diesem Sachbearbeiter gegenüber, und wieder eine Stunde später hatte ich eine Stelle gefunden.

Diese Art des Vorgehens bezeichne ich mit »Hangeln«. Es hat mir auch in meinem weiteren Leben sehr oft geholfen. Natürlich ist diese Vorgehensweise ein wenig ungewöhnlich – und gerade deshalb führt sie häufig so schnell zum Ziel. Wäre ich damals zu einer Wohnungsvermittlung gegangen, so hätte man mir dort vielleicht auch eine Wohnung angeboten, doch ich wäre nur einer von vielen Bewerbern gewesen und meine Chancen hätten sich entsprechend verschlechtert. Ungewöhnliche Ziele erreicht man oft am leichtesten mit ungewöhnlichen Mitteln!

Lassen Sie sich von Freunden und Bekannten beraten!

Die nächstliegende Möglichkeit des »Hangelns« ist es, im eigenen Freundes- und Bekanntenkreis Informationen zu sammeln. Wenn Sie sich bei einer Firma um eine Stellung bewerben, so sind Sie zunächst nur einer von vielen Bewerbern. Wenn Sie jedoch auf Empfehlung eines Freundes kommen, vielleicht sogar eines führenden Mitarbeiters der Firma, so haben Sie gleich viel bessere Chancen.

Tun Sie das, was Sie für richtig erkannt haben, sofort

Sobald Sie wissen, was Sie tun könnten, um Ihr Ziel leichter zu erreichen, sollten Sie dieses Wissen in die Tat umsetzen. Nichts ändert sich, indem Sie nur darüber nachdenken, was Sie alles tun könnten. Nur Handeln bringt Sie Ihrem Ziel näher.

Wenn Sie eine wichtige Prüfung bestehen möchten, so sollten Sie jetzt gleich mit der Vorbereitung beginnen. Wenn Sie einen Freund suchen, so genügt es nicht, nur darüber nachzudenken, wie schön es wäre, einen Freund zu haben; Sie müssen etwas tun. Die Chance, selbst bloß beim Spazierengehen eine neue Bekanntschaft zu machen, ist hundertmal größer als die Wahrscheinlichkeit, daß ein Ihnen noch völlig unbekannter Mensch Sie zu Hause aufsucht.

Tun Sie täglich etwas Konkretes!

Die tägliche Wiederholung Ihrer Bemühungen sollte eine Selbstverständlichkeit sein. Wenn Sie einen Freund finden möchten, ist es nicht damit getan, einmal ein Konzert oder ein Café zu besuchen und sich wieder in das eigene Schneckenhaus zu verkriechen, wenn Sie beim ersten Versuch noch keinen Kontakt gefunden haben.

Wenn Sie eine schlechte Angewohnheit aufgeben müssen, so müssen Sie täglich an sich arbeiten und sich immer neu überwinden. Wenn Übergewicht Ihr Problem ist, so könnten Sie damit beginnen, auf das Abendessen erst einmal, dann dreimal pro Woche und schließlich jeden Tag zu verzichten.

Tun Sie, was nötig ist, um Ihr Ziel zu erreichen, sooft und so gut Sie es können. Wenn Sie Ihren Teil zur Erfüllung Ihres Wunsches beisteuern, wird auch das »Schicksal« seinen Teil tun, um Sie zu entlohnen!

Lösen Sie sich von überlebten Fixierungen und
Verhaltensweisen!
Wenn Sie etwas Neues erhalten oder erreichen wollen, so müssen Sie sich zunächst von alten Vorlieben und Gewohnheiten trennen, Sie müssen sich leer machen. »In eine volle Tasse kann man keinen Tee gießen!« lautet ein chinesisches Sprichwort. Genauso verhält es sich auch hinsichtlich der aktiven Lebensgestaltung: Wenn Sie einen neuen Partner suchen, müssen Sie sich innerlich zuerst von Ihrem alten Partner lösen. Das heißt natürlich nicht, daß Sie künftig jeden Kontakt zu ihm vermeiden sollten. Vielmehr ist damit gemeint, daß Sie sich innerlich bereitmachen müssen, den neuen Partner zu empfangen.

Wenn Sie reich werden wollen, müssen Sie die Überzeugung und das Gefühl verlieren, arm zu sein, Sie müssen innerlich reich werden. Wenn Sie eine neue Stellung finden möchten, müssen Sie sich von Ihrem alten Arbeitsplatz erst innerlich freimachen, um Raum für den neuen in sich zu schaffen.

In diesem Freiraum pflanzen Sie dann die Idee des

Neuen ein, Ihren Wunsch, dessen Verwirklichung Sie
geistig vorwegnehmen. Dann allerdings gilt es, von
ganzem Herzen zu akzeptieren, daß Sie auf der geistigen Ebene bereits einen neuen Zustand, eine neue
Wirklichkeit geschaffen haben, und diese auch in allen ihren Auswirkungen und Konsequenzen zu bejahen.

Wenn einmal die Ursache geistig gesetzt ist, wird
das zur Erfüllung Ihres Wunsches Notwendige früher
oder später in Ihrem Leben eintreten. Doch Sie müssen die Augen offenhalten, um die Chancen, die das
Schicksal Ihnen bietet, auch zu erkennen.

Verdienen Sie sich die Erfüllung Ihres Wunsches

Es ist ein gewaltiges Hindernis für Ihre schöpferische
Kraft, wenn Sie sich selbst nicht sicher sind, ob Sie
die Erfüllung Ihres Wunsches überhaupt verdienen.
Vielleicht erscheint Ihnen diese Aussage banal, aber
ich kann Ihnen aus eigener Erfahrung sagen, daß dies
ein wichtiger Punkt ist, der allzuhäufig unberücksich-
tigt bleibt. In gleicher Weise, wie es notwendig ist, daß
Sie sich innerlich für die Erfüllung öffnen, ist es auch
entscheidend, daß Sie das Gefühl haben, die Erfüllung
zu verdienen.

Verdienen Sie sich die Erfüllung Ihres Wunsches
durch Großzügigkeit. Erst kommt das Säen, dann das
Ernten; erst kommt das Geben, dann das Nehmen. Sie
sollten sich also fragen, was Sie bereit sind, für die Erfüllung Ihres Wunsches zu tun.

Sie können sich beispielsweise vornehmen, zukünftig ein besonders liebevoller Mensch zu sein, oder sich
bemühen, ein besonders guter Schüler, Angestellter,
Chef, Lehrer, Vater oder eine besonders gute Mutter

zu sein. Sie können einem bestimmten Menschen
oder einer Familie mit Ihrem Rat, Ihrer Zeit oder
auch finanziell zur Seite stehen. Sie können aber
auch für einen anderen Menschen liebevoll beten
oder diesem Menschen besonders viel Liebe und Aufmerksamkeit schenken. Schließlich bleibt Ihnen immer auch die Möglichkeit, eine schlechte Angewohnheit zu »opfern«, indem Sie sich beispielsweise Ihren
Jähzorn, Ihre Eifersucht oder das Rauchen abgewöhnen.

Wenn Menschen nehmen, ohne zu geben, so erhalten sie zwar häufig auch, was sie sich gewünscht haben, doch das Schicksal nimmt auf seine Weise zurück: Egoismus stört die Harmonie der Schöpfung.

Sie müssen von der Richtigkeit Ihres Handelns überzeugt sein können

Der unbedingte Glaube und die Sicherheit, daß das
von Ihnen Gewünschte Wirklichkeit wird, ja auf geistiger Ebene bereits Wirklichkeit geworden ist, ist ein
unverzichtbarer Bestandteil des Mentaltrainings.
Aber auch in Ihrem Alltag müssen Sie voll innerer
Überzeugung und frei von Zweifeln das Notwendige
tun. Alle Maßnahmen, die Sie ergreifen, um Ihr Leben
zum Guten zu wenden, müssen von einem unbeirrbaren Glauben an deren Wirksamkeit getragen sein.
Nicht nur in Ihrer allgemeinen Vorstellung, sondern
auch in Ihrem konkreten Handeln müssen Sie von
der Verwirklichung Ihres Wunsches zutiefst überzeugt sein.

Natürlich spielt auch Ihre äußere Erscheinung für
das Gelingen Ihrer Pläne eine Rolle. Wenn Ihr
Wunsch auf eine Partnerschaft gerichtet ist, wenn Sie

zum Beispiel einen neuen Lebens- oder Geschäfts-
partner suchen, so müssen selbstverständlich auch
Ihr Aussehen und Auftreten dieser Zielsetzung angemessen sein. Der erste Eindruck ist in den meisten
Fällen sehr wichtig.

Daher sollten Sie auf Ihre Kleidung, Ihre Gestik
und insbesondere auf den Ausdruck Ihrer Stimme
achten. Es ist zwar nicht gerade nötig, daß Sie ein
Rhetorikseminar besuchen, doch werden Sie bereits
wichtige Aufschlüsse über Ihre Wirkung auf andere
Menschen erhalten, wenn Sie sich gelegentlich im
Spiegel beobachten und dabei einmal zu sich selbst
sprechen. Achten Sie dabei bewußt auf den Klang
Ihrer Stimme. Wie würden Sie als Außenstehender
auf den Klang dieser Stimme reagieren? Korrigieren
Sie, falls notwendig, diesen Ausdruck, indem Sie regelmäßig vor dem Spiegel üben.

Um von der Richtigkeit Ihres Handelns überzeugt
sein zu können, müssen Sie sich, sollten zur Verwirklichung Ihres Wunsches bestimmte Fähigkeiten erforderlich sein, diese natürlich aneignen. Auf das früher
erwähnte Beispiel der Weltumseglung angewandt,
hieße das, Sie müßten Segelsportkurse, aber auch
etwa Schwimm-, Lebensrettungs- oder Taucherkurse
besuchen, wohl auch das internationale Seerecht studieren und dergleichen mehr.

Grundsätzlich ist mit Hilfe der Techniken des Mentaltrainings alles Menschenmögliche zu erreichen.
Doch nur ein Phantast wird versuchen, das Mentaltraining zu benutzen, um trotz Kurzsichtigkeit Flugpi-
lot zu werden oder etwa auf den Mond fliegen zu wollen, wenn es ihm dazu an jeglicher Voraussetzung
fehlt. Bleiben Sie mit Ihren Wünschen immer auf dem
Boden der Realität, damit Sie Ihre Energie nicht an
unsinnige Zielvorstellungen verschwenden.

Die vorstehenden Darlegungen dürften zur Genüge erhellt haben, wie entscheidend die Mitwirkung des einzelnen für die Erfüllung seiner Wünsche ist. Nicht umsonst heißt es: »Hilf dir selbst, dann hilft dir Gott!« Sie können dieses Sprichwort ruhig wörtlich nehmen.

Kapitel 14

Die Praxis des Mentaltrainings

Eine Übersicht über die acht Schritte zum Erfolg

Nachstehend möchte ich Ihnen nun noch einmal die Schrittfolge beschreiben, die Sie einhalten müssen, um mit Hilfe des Mentaltrainings Ihre persönlichen Ziele zu erreichen.

In *Schritt 1* sollen Sie:
O Die Fragen beantworten:
  Was will ich?
  Will ich das wirklich?
  Bin ich bereit, mich dafür anzustrengen?
  Ist mein Wunsch stark genug?
  Schadet mein Wunsch nicht anderen Menschen?
O Ihre Zielvorstellung in eine feste Bilderfolge bannen und diese Bilder wie einen kurzen Film immer wieder von Ihrem geistigen Auge in allen Details plastisch ablaufen lassen.
O Einen kurzen, formelhaften Satz prägen, der Ihre Zielvorstellung klar und deutlich umreißt. Formulieren Sie die Formel bejahend und in der Gegenwarts-, nicht in der Zukunftsform.
O Das Gefühl, das die Erfüllung Ihres Wunsches in der Zukunft einmal begleiten wird, in die Gegenwart hineinnehmen und als gegenwärtig erfahren. Nehmen Sie auch schon die Freude und Dankbar-

keit darüber, daß Ihr Wunsch erfüllt ist, im Geiste
vorweg!

In *Schritt 2* sollen Sie:

O Den für Sie geeigneten Zeitpunkt für Ihre tägliche
Übungssitzung wählen.

O Einen ruhigen, störungsfreien Raum aufsuchen.

O Eine Mentaltrainingssitzung weder mit vollem
noch mit leerem Magen durchführen.

O Für gute Luft in dem betreffenden Raum sorgen.

O Ihr persönliches Einleitungsritual ausführen.

O Den Zustand vorbereitender Entspannung einleiten.

O Den Pharaonensitz einnehmen.

O Mit der rhythmischen Vollatmung beginnen.

O Sich selbst mit der Vitalkraft Prana aufladen.

O Sich körperlich, geistig und emotional vollkommen
entspannen.

O Den Zustand vollkommener innerer Stille erreichen und in diesem eine Zeitlang verharren.

In *Schritt 3* begeben Sie sich dann an den Ort der inneren Wandlung, indem Sie:

O Die Farbskala von Rot über Orange, Gelb, Grün,
Blau, Lila bis Violett imaginieren und sich so in
den schöpferischen Bewußtseinszustand versetzen.

O Über die von Ihnen imaginierte Wiese zu dem Ihre
Persönlichkeit symbolisierenden Berg hinüberge-
hen und zum Gipfel dieses Berges hinaufsteigen.

O Oben auf dem Gipfel das Licht Ihres Körperbe-
wußtseins mit dem Licht Ihres »spirituellen Herzens« verschmelzen und Ihren ganzen Körper von
diesem Licht durchfluten lassen.

O Ihr eigenes Licht mit dem Licht der »Sonne«, dem
Symbol kosmischen Bewußtseins, an dem Ihr hö-
heres Selbst Anteil hat, vereinen.

In *Schritt 4* sollen Sie dann:

O Ihr Vorstellungsbild des erwünschten Endzustandes in aller Klarheit vor Ihr geistiges Auge rufen
und sich mit diesem Bild völlig identifizieren.

O Die formelhaft kurzgefaßte Beschreibung Ihres
Wunsches im Geiste ständig wiederholen.

O Ihre Wunschvorstellung mit der kosmischen Vitalkraft Prana aufladen.

O Das geistige Bild des erwünschten Endzustandes
mit dem Gefühl der Freude, der Begeisterung und
der Bejahung aufladen.

In *Schritt 5* kommt es entscheidend darauf an, daß
Sie:

O Den von Ihnen vorgestellten Endzustand als Ihrer
Persönlichkeit und Ihrem Schicksal angemessen
im Geist voll annehmen.

O Nicht daran zweifeln, mit der Durchführung des
Mentaltrainings den Samen für die Erfüllung Ihres
Wunsches bereits gelegt und die feinstoffliche
Form dieser Erfüllung schon geschaffen zu haben,
so daß in diesem Moment der schöpferische Akt
bereits vollendet und auf der geistigen Ebene Ihr
Wunsch bereits Wirklichkeit geworden ist.

O Dafür dankbar sind, Ihr Ziel bereits erreicht zu haben. Auf der geistigen Ebene sind Sie am Ziel; die
neue Wirklichkeit ist schon vorhanden. Dieses Gefühl der Dankbarkeit für das bereits Erhaltene ist
sehr wichtig.

In *Schritt 6* müssen Sie sich nun:

O Von dem Vorstellungsbild des von Ihnen erwünschten Endzustandes lösen und in Ihrer Imagination
von dem Gipfel des Berges auf die Wiese hinunter-
steigen.

O Auf der Wiese angekommen, die vorstehend erwähnte Farbskala umgekehrt von Violett über Lila,
Blau, Grün, Gelb, Orange bis Rot durchlaufen und
wieder ins Tagesbewußtsein zurückkehren.

In *Schritt 7* kommt es darauf an, daß Sie:

O Das Mentaltraining täglich zur gleichen Zeit praktizieren und mit diesen Übungen so lange fortfah-
ren, bis sich Ihr Wunsch auch auf der »materiellen
Ebene« verwirklicht hat.

O Das Vorstellungsmuster Ihres Wunsches in Wort
und Bild Tag für Tag immer wieder vor Ihr Bewußtsein rufen, Ihren Wunsch innerlich annehmen
und voll Freude und Dankbarkeit unerschütterlich
an seine Erfüllung glauben.

O Ihren Wunsch schriftlich festhalten und mit dieser
»Botschaft« beschriftete Karteikarten an »strate-
gisch« wichtigen Stellen in Ihrer Wohnung plazie-
ren, um derart immer wieder an Ihr Ziel erinnert
zu werden.

Schritt 8 schließlich besteht darin, daß Sie im Alltag
das Richtige tun:

O Alle Möglichkeiten nutzen, um Ihr Ziel auch wirklich zu erreichen.

O Den Kontakt solcher Menschen suchen, die Ihnen
weiterhelfen können.

O Die richtigen Zeitschriften und Bücher lesen.

O Sich zielorientiert fortbilden.

O Schädliche Kontakte meiden, um sich nicht unnötig zu behindern.

O Die Möglichkeiten der Medien und des Telephons
nutzen.

O Sich nach der Methode des »Handelns« auf Ihr Ziel
hin bewegen.

O Schwächen systematisch korrigieren.

O Falsche Verhaltensweisen und Gewohnheiten aufgeben.

O Sich durch ein menschlich vorbildliches Verhalten die Erfüllung Ihres Wunsches verdienen.

O Auf Ihr Aussehen, Ihre Gestik, Ihre Sprache und Stimme achten.

O In Ihrem Handeln unbeirrbar auf Ihr Ziel losgehen.

O Sich unerschütterlich der Erfüllung Ihres Wunsches für wert halten.

Die Einundzwanzig-Tage-Technik

Bereits die einmalige Imagination eines Wunschbildes oder -erlebnisses läßt auf der feinstofflichen Ebene ein Vorstellungsmuster entstehen. Soll Ihre Wunschvorstellung jedoch in Ihrem Alltag Wirklichkeit werden, so müssen Sie sich den Inhalt Ihres Wunsches in Wort und Bild bis zu dessen Verwirklichung immer wieder vor Augen halten.

Deshalb wurde Ihnen auch empfohlen, am besten eine bestimmte Zeit festzulegen, die Sie im Zuge des Mentaltrainings täglich der schöpferischen Gestaltung Ihres Lebens widmen. Erst die kontinuierliche Wiederholung und Festigung Ihres Wunsches und Ihr unbeirrbarer Wille, auch wirklich an Ihr Ziel zu gelangen, setzen die schöpferischen Kräfte des Lebens in Gang.

Zudem stärkt jede Wiederholung einer Wunschvorstellung auch den Glauben an die Wirklichkeit des Vorgestellten. Wer Weizen sät, kann sicher sein, daß er zu gegebener Zeit die Ernte wird einfahren können, sofern er sich an die Regeln hält, die der Weizenanbau verlangt, und die zarten Körner bewässert und düngt. Sorgen Sie entsprechend dafür, daß der geistige Samen, den Sie einpflanzen, jene Pflege erfährt, die er braucht, um zu gedeihen.

Es gibt nun auch außerhalb regulärer Sitzungen, die Sie im Rahmen des Mentaltrainings (am besten im Pharaonensitz) durchführen, verschiedene Methoden, Ihrem Wunsch die »Pflege« angedeihen zu lassen, die er braucht, um sich zu verwirklichen. Dazu gehört die Einundzwanzig-Tage-Technik. Diese Methode verlangt von Ihnen nicht mehr, nicht weniger, als daß Sie einundzwanzig Tage lang vor dem Einschlafen sich Ihre Wunschvorstellung in aller Deutlichkeit vor Augen halten und mit diesem Vorstellungsbild in den Schlaf hinübergleiten.

Löschen Sie also, wenn Sie sich ins Bett legen, das Licht und sorgen Sie dafür, daß Sie nach der Ausführung der Übung sogleich einschlafen können, ohne sich noch einmal auf etwas anderes konzentrieren zu müssen.

Entspannen Sie sich, sobald Sie bequem in Ihrem Bett liegen, und begeben Sie sich dann in den schöpferischen Bewußtseinszustand und an den Ort der inneren Wandlung. Rufen Sie sich Ihr in allen Einzelheiten festgelegtes Wunschbild ins Gedächtnis und vergegenwärtigen Sie sich sämtliche Details. Konzentrieren Sie sich dann auf die formulierte Beschreibung Ihres größten Wunsches. Vorstellungsbild und Wunschformel sollten dabei eine unauflösliche Einheit bilden.

Laden Sie dann diese Wunschvorstellung mit Prana auf und richten Sie Ihre ganze Freude und Erwartung auf dieses innere Bild. Ihre Begeisterung soll so stark sein, als hätten Sie Ihr Ziel bereits materiell erreicht. Ihre ganze Energie muß sich auf Ihre Wunschvorstellung richten. Bedanken Sie sich dann dafür, daß Ihnen – im Geiste – bereits zuteil geworden ist, was Sie sich so sehnlich gewünscht haben. Denn auf der geistigen Ebene ist Ihr Wunsch ja bereits Wirklichkeit geworden.

Halten Sie diese Wunschvorstellung nun im Zustand tiefer Entspannung so lange in Ihrem Bewußtsein, bis Sie in den Schlaf hinübergleiten. Ihr letzter Gedanke muß Ihrem Wunschbild gelten!

Sobald Sie am Morgen aufwachen, sollte wiederum Ihr erster Gedanke dem Wunschbild gelten. Rufen Sie sich Ihren Wunsch beim Erwachen sofort ins Bewußtsein.

Wenn Sie diese Methode einundzwanzig Tage lang konsequent anwenden, so prägt sich Ihr Wunsch Ihrem Unterbewußtsein so stark ein, daß es alles daran setzen wird, Ihren Wunsch zu verwirklichen; es wird Sie zum Handeln veranlassen, so daß möglicherweise nach Ablauf dieser Frist Ihr Wunsch bereits verwirklicht sein wird – wenn nicht, so sind Sie seiner Verwirklichung jedenfalls entscheidend nähergerückt.

Selbstverständlich sollte während dieser einundzwanzig Tage nur ein einziger Wunsch Ihr Bewußtsein erfüllen, damit alle verfügbare Energie für die Verwirklichung dieser einen Vorstellung zur Verfügung steht.

Eine Kurzfassung der Methode für den Alltag

Schalten Sie in Ihren Tagesablauf bei Gelegenheit immer wieder einmal kurze Mentaltrainingsübungen ein. Solche Übungen verstärken im Prozeß der Wunscherfüllung die dazu notwendige Energie. Sie

können auf diesem Weg auch lernen, möglichst
schnell in den schöpferischen Bewußtseinszustand zu
gelangen und die Dauer der einleitenden Entspannung zu verkürzen.

Auch können solche Übungen Ihnen helfen, sich rascher in den für das Mentaltraining erforderlichen
Entspannungszustand zu begeben und die gewon-
nene Zeit in die Verwirklichung Ihrer Wünsche zu investieren. Und so gehen Sie vor:

○ Begeben Sie sich an einen ruhigen Ort, wo niemand Sie stört. Sie verzichten auf das einleitende
Ritual, entspannen sich mit Hilfe der Farbentspannung und versetzen sich bei Violett in den schöpferischen Bewußtseinszustand und an den Ort der inneren Wandlung.

○ Rufen Sie sich dann den Ihre Persönlichkeit symbolisierenden Berg sowie Ihre Wunschvorstellung
ins Bewußtsein und identifizieren Sie sich mit
Ihrem Vorstellungswunsch.

○ Lassen Sie dieses Bild oder Erlebnis für kurze Zeit
auf sich wirken, steigen Sie dann wieder von dem
Berg herab und imaginieren Sie die in der Farbentspannung üblichen Farben in umgekehrter Reihenfolge, bis Sie bei Rot wiederum den Zustand
des Wachbewußtseins erreicht haben.

Das persönliche Ritual, die ausführliche Entspannung, die rhythmische Vollatmung, der Moment vollkommener innerer Stille und die Aufladung des
Wunschbildes mit Prana unterbleiben in einer solchen auf die Bedürfnisse des Alltags zugeschnittenen
Kurzform der Übung des Mentaltrainings. Dennoch
sind solche Übungen von großem Wert.

Leben Sie ständig im Bewußtsein Ihres Erfolges

Sie werden Ihr jeweiliges Ziel um so schneller erreichen, je öfter Sie sich die entsprechende Wunschvorstellung in Ihr Bewußtsein rufen. Die größte Verwirklichungsenergie jedoch wird freigesetzt, wenn Sie freudig und gläubig-erwartungsvoll im ständigen Bewußtsein der Verwirklichung Ihres Wunsches leben. Machen Sie sich immer wieder bewußt, daß die Erfüllung Ihres Wunsches bereits in Gang ist und daß das Leben in jedem Moment für Sie arbeitet. Schon in kürzester Zeit können Sie Ihr Ziel erreicht haben. Spüren Sie die Freude und die Dankbarkeit darüber, daß die Erfüllung Ihres Wunsches bereits ganz nah ist. Öffnen Sie sich innerlich und machen Sie sich bereit, die Erfüllung zu empfangen.

Damit Sie ständig an Ihr Ziel erinnert werden, sollten Sie sich auf Erinnerungshilfen stützen. Schreiben Sie Ihre Wunschformel auf eine Karteikarte und legen Sie diese in Ihre Schreibtischschublade, tragen Sie ständig ein »Erinnerungskärtchen« mit sich herum, machen Sie sich einen Knoten ins Taschentuch – tun Sie einfach alles, um sich ständig an Ihr Ziel zu erinnern.

Das ununterbrochene Bewußtsein, daß Ihr Wunsch »in Arbeit« ist, regt Sie außerdem an, immer wieder zu überprüfen, inwieweit Ihr Verhalten im Alltag die Verwirklichung Ihres Wunsches beschleunigt oder behindert. Sie müssen Ihre gesamten Energien auf Ihr Ziel konzentrieren, um das Gewünschte auch tatsächlich zu erreichen. Die stärkste Energie ist jedoch der unbeirrbare Glaube daran, daß Sie Ihr Ziel schließlich erreichen werden.

Kapitel 15

Schöpferisches Denken und Lebenskunst

Positiv denken heißt aus allem das Beste machen

Ich habe Sie bereits darauf hingewiesen, daß Gedanken Kräfte sind, die unsere Lebensumstände entscheidend beeinflussen. Negative Gedanken ziehen negative Wirkungen nach sich, positive Gedanken haben positive Erfahrungen zur Folge. Und da Gedanken immer auch von Gefühlen begleitet sind, gilt das gleiche auch für Gefühle. Diese Tatsache ist in der Schemazeichnung auf Seite 224 veranschaulicht.

Die Bibel beginnt mit dem Satz: »Am Anfang war das Wort«, doch das griechische Wort *logos* (= das Wort) kann auch »Gedanke« bedeuten. Der Eröffnungssatz der Bibel könnte daher genausogut lauten: »Am Anfang war der Gedanke.«

In der Tat ist das Denken die grundlegende, schöpferische Fähigkeit des Menschen: Die Idee geht jeglichem Handeln voraus. Alles Denken ist ein schöpferischer Prozeß, dem eine entsprechende Wirkung folgt.

In einem schönen alten Lied heißt es: »Die Gedanken sind frei.« Aber sind die Gedanken wirklich frei? Wir können zwar denken, was wir wollen, das ist unser Recht, aber da unser Denken unser Leben gestaltet, lohnt es sich schon, »richtig« denken zu lernen, das heißt positiv. Die meisten Schwierigkeiten unse-

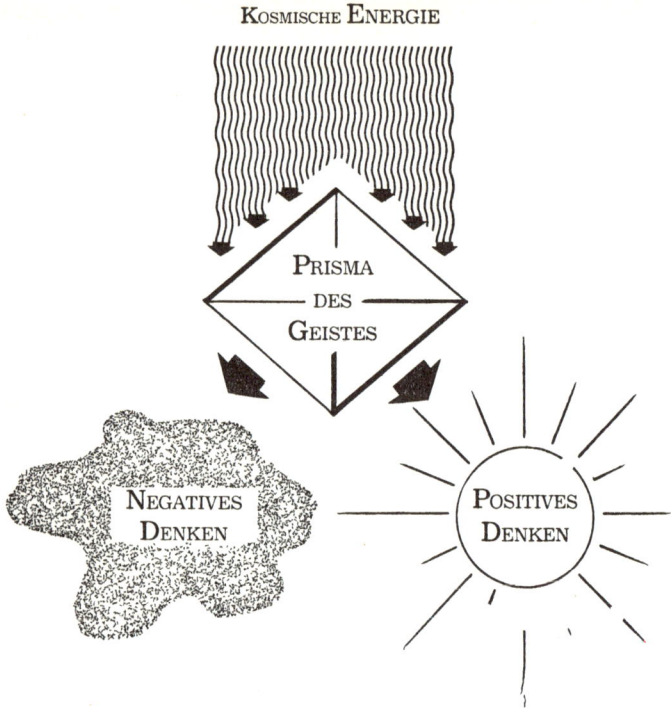

Kosmische Energie

Prisma des Geistes

Negatives Denken

Positives Denken

res Lebens sind eine Folge falschen, nämlich negativen Denkens. Solange wir unser Denken nicht beherrschen, werden wir von unseren Gedanken und deren unkontrollierten Wirkungen beherrscht!

Wahrscheinlich kennen auch Sie eine Reihe von Redensarten und Floskeln, mit denen wir uns selbst und anderen das Leben schwermachen. Auf die Frage nach unserem Wohlbefinden antworten wir: »Es könnte schlimmer sein!« oder: »Es muß ja!« Auf diese Weise bestätigen und bekräftigen wir immer wieder einen Zustand des Mangels und bestärken uns in unseren Schwierigkeiten. Wenn wir jedoch unsere Probleme immer wieder bekräftigen, was können wir da anderes erwarten, als daß sich unsere Vorstellung des Mangels in unserem Leben auch tatsächlich verwirklicht?

Durch unser Denken geben wir der allgegenwärtigen kosmischen Energie – so weit unsere geistige Ausstrahlung reicht – entweder eine positive oder eine negative Aufladung. Je mehr wir uns mit einem bestimmten Gedanken – sei er nun aufbauend oder sei er destruktiv – identifizieren, um so stärker haften wir an ihm, und um so sicherer und schneller wird er in unserem Leben seine Auswirkungen zeitigen. Je öfter wir also einen negativen Gedanken oder ein negatives Gefühl zulassen, um so größer ist die Wahrscheinlichkeit, daß unsere negativen Erwartungen sich auch bestätigen. Wir können jedoch ebensogut einen positiven Gedanken, ein positives Gefühl in uns immer wieder bestärken und so durch die Erwartung des für uns Guten dessen Verwirklichung unterstützen. Positiv denken heißt, sich positiv zu entwickeln!

Dem Menschen ist die Freiheit gegeben, sich zwischen dem negativen und dem positiven Denken zu entscheiden. Wir können uns dieser Freiheit zu unserem Schaden oder zu unserem Nutzen bedienen. Die Entscheidung darüber liegt bei jedem einzelnen von uns. Sie sind, was Sie denken! Seien Sie also in Ihrem Denken positiv, das heißt aufbauend, lebensbejahend, und Ihr Leben wird einen entsprechenden Verlauf nehmen. Jeder von uns erntet nur das, was er selbst gepflanzt hat. Betrachten Sie Schwierigkeiten als das, was sie in Wirklichkeit sind: als Gelegenheiten dazuzulernen. Wer allerdings nicht lernen will, erhält vom Leben bitteren Nachhilfeunterricht!

Es ist sinnlos, sich im Unglück auf die Ungunst der Umstände zu berufen, denn zum einen führen wir nachteilige Umstände meistens selbst herbei und zum andern kommt es darauf an, aus unseren Fehlern zu lernen und negative Umstände durch positives Denken und Handeln zu beseitigen. Nur Kinder sind von ihren Eltern und ihrer Umwelt weitgehend abhängig. Ganz sicher wollen Sie sich jedoch nicht wie ein Kind verhalten und sich von der Gunst der Umstände abhängig machen. Nehmen Sie deshalb Ihr Leben selbst in die Hand und gestalten Sie selbst Ihre Zukunft.

Wenn Sie Ihrem Leben eine Wendung zum Guten geben möchten, so müssen Sie die entsprechenden geistigen Ursachen setzen. Genau das geschieht durch positives Denken. Dabei ist Ihre Vorstellungskraft der »Künstler«, der aus dem Stoff des Lebens seine Kunstwerke schafft.

Daß unser Denken unser Leben gestaltet, ist gleichsam ein Naturgesetz, und wir können uns der Wirkung dieses Gesetzes nicht entziehen. Aber wir können im Einklang mit diesem Lebensgesetz unsere Zukunft nach unseren Vorstellungen gestalten. Wenn wir jedoch unser Denken bewußt in schöpferischer Weise gebrauchen und unsere Vorstellungen zusätzlich noch mit einem Gefühl freudiger Zuversicht aufladen, wenn wir also mit ganzem Herzen auf den Erfolg hinarbeiten, so wird unser Bemühen unweigerlich auch die gewünschten Früchte tragen.

Wenn jemand von sich behauptet, daß es ihm trotz seines positiven Denkens nicht gelungen sei, seine Probleme zu lösen, täuscht er sich wahrscheinlich, viel eher hat er nicht wirklich positiv gedacht! Positives Denken bedeutet allerdings auch nicht, Unerfreuliches nicht zur Kenntnis zu nehmen, sondern es heißt vielmehr, aus jeder Situation das Beste zu machen. Sie werden nicht verhindern können, daß Sie in Ihrem Leben immer wieder mit neuen Schwierigkeiten konfrontiert werden. An solchen Herausforderungen zu wachsen, ist ja gerade der Sinn unseres Lebens. Doch wenn Ihnen das Leben Saures beschert, warum versüßen Sie es nicht?

Denken Sie daher in Zukunft in aufbauenden Begriffen des Erfolges, nicht in zerstörerischen des Mißlingens! Es bedarf neben der psychologisch gültigen wirklich nicht noch einer besonderen esoterischen Erklärung, um die Wirksamkeit des positiven Denkens zu belegen. Schon der gesunde Menschenverstand sagt uns, daß es uns nicht weiterbringt, über ein Mißgeschick nur zu klagen. Ungleich besser nutzen wir unsere Fähigkeiten und unsere Energie, wenn wir immer sofort die Lösung unserer jeweiligen Probleme in Angriff nehmen, wie schwierig diese Lösung im einzelnen auch sein mag. Anhand einiger Beispiele solcher Probleme soll im folgenden gezeigt werden, was positives Denken bedeutet.

1. Die Ehekrise:
Ein Mann unterdrückt seine Frau. Er verbietet ihr den freundschaftlichen Umgang mit anderen Männern und untersagt ihr alle geselligen Kontakte.

Spontan reagieren wir auf solche Lebensverhältnisse vielleicht mit Empörung, doch kann man die Situation auch positiv beurteilen und etwa sagen, daß das dominierende Verhalten des Mannes der Frau die Möglichkeit verschafft, sich behaupten zu lernen.

Jedermann kann Ihnen Befehle erteilen, immer aber können Sie selbst darüber entscheiden, ob Sie diese ausführen oder nicht.

In der beschriebenen Konstellation kann aber nicht nur die Frau lernen, sich durchzusetzen und ihre eigenen Interessen wahrzunehmen, sondern auch der Mann kann erfahren, wenn er dazu bereit ist, warum er von einer derart tiefen Angst vor dem Verlust seiner Frau geplagt wird.

Wenn die entsprechende Bereitschaft vorhanden ist, können also Ehekrisen für beide Partner durchaus eine reinigende und dem Persönlichkeitswachstum förderliche Wirkung haben.

2. Arbeitslosigkeit

Auch dieses gravierende Problem unserer Zeit braucht im Einzelfall des Betroffenen kein Unglück zu sein. Arbeitslosigkeit kann für einen Menschen die Chance bieten, sich endlich Klarheit darüber zu verschaffen, mit welcher Tätigkeit er wirklich sein tägliches Brot verdienen möchte.

In meinem Bekanntenkreis gibt es beispielsweise eine Frau, deren seit fünfundzwanzig Jahren eingeführtes und gutgehendes Geschäft von einem unfähigen Teilhaber in den Konkurs geführt wurde. Ihr Mann war zu diesem Zeitpunkt schon verstorben, so daß sie plötzlich mittellos dastand. Diese Dame begnügte sich jedoch nicht damit, nur mittellos »dazustehen«, sondern sie handelte. Sie machte sich unmittelbar an die Arbeit und gründete einen Buchversand. Natürlich war der Verdienst anfänglich eher mager und die Übergangszeit schwer. Doch sie wußte, daß Klagen nichts nützt, und so stürzte sie sich in die Arbeit. Nach etwa einem Jahr des Lernens gründete sie eine inzwischen gutgehende Praxis für Lebensberatung, und auch der Buchversand florierte; daneben gab sie Seminare in positivem Denken.

Ihr positives Denken zog Helfer und Unterstützung geradezu magisch an. Überall knüpfte sie Kontakte, und nach diesem ersten Jahr sagte sie mir offen: »Es war schwer, mich von meinem alten Beruf zu trennen, aber jetzt bin ich wirklich glücklich darüber, daß mir das Schicksal diesen Schlag versetzt hat. Erst nach dem Konkurs habe ich gemerkt, daß meine eigentliche Lebensaufgabe auf einem ganz anderen Gebiet liegt. Wäre das alte Geschäft so gut weitergelaufen wie früher, hätte ich meinen Beruf vielleicht überhaupt nicht oder sicher wesentlich widerstrebender gewechselt. Denn dann hätte es ja keinen Grund gegeben aufzuhören. Doch jetzt weiß ich, daß ich an den Platz gehöre, an dem ich augenblicklich sitze!«

Es gibt zahllose ähnliche Beispiele! Arbeitslosigkeit bedeutet nicht, daß der Betroffene für den Rest seines Lebens zur Untätigkeit verurteilt ist. Vielmehr zeigt ihm das Leben aufgrund der Arbeitslosigkeit, daß eine Veränderung notwendig ist und daß er die entsprechenden Schritte einleiten muß. Die Tatsache, daß ein Arbeitsloser den ganzen Tag Zeit hat, um nach einer Stelle zu suchen, sich fortzubilden, die richtigen Kontakte zu knüpfen oder eine Umschulung in die Wege zu leiten, zeigt schon, daß er vom Leben die Chance bekommen hat, seine Situation grundlegend zu überdenken und noch einmal von vorne anzufangen.

Überlegen Sie nur einmal, wie viele Menschen unter wirklicher Anspannung stehen. Einem arbeitslosen Menschen hingegen stehen eine Reihe außergewöhnlicher Möglichkeiten offen. Natürlich muß er sich umorientieren; aus diesem Grund ist er ja arbeitslos. Aber dieses Umdenken kann der Anfang eines neuen, fruchtbaren Lebensabschnittes sein.

3. Wenn Tod, Krankheit oder Not an die Tür klopfen

Ein Todes- oder Notfall im Kreise der Familie ist nicht nur ein traurig stimmender Anlaß, sondern er zwingt die betroffenen Menschen auch, sich mit diesen Fragen auseinanderzusetzen.

Für Menschen, die an ein jenseitiges Leben oder an

die Wiedergeburt glauben, hat der Tod zwar an Bedroh-
lichkeit verloren, aber jeder Mensch sollte sich doch jedenfalls frühzeitig mit der Tatsache auseinandersetzen, daß seinem Leben eine Grenze gesetzt ist, und sich
Gedanken darüber machen, wie er die ihm verblei-
bende Lebensspanne nutzen möchte. Denn nur vom
Tode her können wir den Wert unseres Lebens erst
eigentlich bestimmen.

Im übrigen wird ein Mensch, der sein Leben richtig
genutzt und zum Besten der Gemeinschaft gewirkt hat,
dem Tod gefaßter entgegensehen als jemand, der die
ihm geschenkte Lebensspanne vergeudet hat, und es
wird ihm auch leichterfallen, einen kranken Menschen
zu trösten oder ihm innere Sicherheit zu geben.

Wenn einer unserer Liebsten oder unserer Freunde
stirbt, so ist die Trauer, die wir empfinden, meistens
nicht ganz frei von egoistischen Beimischungen. Die
Frau, die ihren geliebten Mann verliert, ist infolge seines Todes nicht selten gezwungen, sich zukünftig den
Lebensunterhalt selbst zu verdienen. Der Mann, dessen Ehefrau stirbt, muß nun viele Aufgaben des Alltags
erst zu verrichten lernen, die ihm zuvor jahrelang von
seiner Frau abgenommen wurden. Und jeder Mensch,
der seinen Partner verliert, muß lernen, zunächst einmal eine Zeitlang mit sich selbst zurechtzukommen.

Wenn ein Mensch in finanzielle Not gerät, so steht er
vor der Aufgabe, seine Lebensumstände wieder in Ordnung zu bringen. Seinen Angehörigen bietet sich nun
die Chance, wahrhafte Hilfsbereitschaft unter Beweis
zu stellen. Das heißt jedoch nicht unbedingt, daß sie die
Schulden des Betroffenen bezahlen oder seine Pflichten übernehmen müßten, um ihn zu schonen. Wichtiger
als die materielle sind oftmals die geistig-seelische Unterstützung und sachlich begründete Ratschläge. Denn
jeder von uns hat seine eigene Aufgabe, und nieman-

dem ist damit geholfen, wenn wir ihm seine Aufgabe und die mit dieser verbundenen Erfahrungen »ersparen«.

Besonders Eltern neigen oft dazu, ihre Sprößlinge vor allen Gefahren des Lebens bewahren zu wollen. Unter solchen Umständen lernen Kinder jedoch nicht, sich im Leben zu behaupten oder sich mit den Gegebenheiten des Lebens überhaupt erst einmal auseinanderzusetzen. Aber es ist doch mein Kind! heißt es dann häufig. Solche Eltern möchten ihren Kindern Erfahrungen des Mißerfolges möglichst ersparen. Aber dieses Schutzverhalten der Eltern geht nicht nur zu ihren eigenen Lasten, sie verhindern auf diese Weise auch, daß ihre Kinder gewisse lebenswichtige Erfahrungen machen und für ihr Leben dazulernen.

Vergessen Sie jedoch nicht: Aufgeschoben ist nicht aufgehoben! Wir alle werden immer wieder so lange vor die gleichen Probleme gestellt, bis wir diese gelöst haben. Und je eher wir eine angemessene Lösung finden, um so besser!

Was schmerzliche Erfahrungen uns lehren sollen

Positiv denken heißt erkennen, daß alle Erfahrungen – insbesondere die unangenehmen und schmerzhaften – Gelegenheit bieten hinzuzulernen. Auch wenn wir uns aus Bequemlichkeit und Kleinmut immer wieder dazu verleiten lassen, das Risiko neuer Erfahrungen zu meiden, so findet das Leben doch immer wieder einen Weg, uns mit uns selbst zu konfrontieren und uns zur Entwicklung unserer Persönlichkeit zu zwingen.

Wer die dem Menschen gestellte Aufgabe der Persönlichkeitsentwicklung ernst nimmt, der erkennt, daß es das »Negative« als solches eigentlich nicht gibt. Vom

Standpunkt unserer Bequemlichkeit aus gesehen sind viele Erfahrungen negativ, die für unsere Entwicklung als Menschen absolut erforderlich, folglich positiv sind.

Die Schläge, die uns jeweils treffen, sind stets abgestimmt auf unsere zum jeweiligen Zeitpunkt gegebenen Möglichkeiten und Fähigkeiten. Das Schicksal kann uns in gewisser Hinsicht also gar nicht überfordern, und schwierige Aufgaben sind daher gleichsam ein Hinweis des Schicksals an den betreffenden Menschen, daß er fähig ist, diese zu lösen.

Positives Denken soll uns nicht dazu verleiten, das in der Welt bestehende Unrecht und die weitverbreitete Not zu leugnen und die Augen vor der Wirklichkeit zu verschließen. Wer positiv denkt, hält nur an einer Grundwahrheit unbeirrbar fest: daß nämlich nichts und niemand seinem ewigen, wahren Selbst, das unberührt bleibt von Geburt, Altern, Krankheit und Tod, schaden kann.

Wir alle werden ständig mit Schreckensnachrichten über menschliches Leid konfrontiert: im Gespräch mit Nachbarn, Kollegen, Freunden, durch die Pressemedien, Rundfunk und Fernsehen. Wie sieht nun die angemessene Reaktion auf solche Nachrichten und Erzählungen aus? Richtig reagieren Sie, wenn Sie jede durch Negativität gekennzeichnete Situation zum Anlaß für ein positives Verhalten nehmen. Wenn Ihnen also beispielsweise jemand von seinen Problemen erzählt, sollten Sie sofort an Lösungen denken, das heißt sich nicht auf das Problem konzentrieren, sondern überlegen, wie Sie helfen können. Wenn Ihnen jemand von seinen Krankheiten erzählt, so sollten Sie überlegen, was vielleicht zu seiner Gesundung beitragen könnte.

In diesem Zusammenhang berichtete mir einmal eine Teilnehmerin an einem meiner Seminare: »Wissen Sie, Herr Tepperwein, meine Mutter ist eine alte

Frau und erzählt, wie viele alte Menschen, gerne und
oft von ihren Krankheiten. Wenn Sie davon anfängt,
lasse ich sie meistens ausreden, denn ich glaube, daß
diese Gespräche sie immer ein wenig erleichtern. Im
übrigen ist sie doch eine alte Frau und ändert sich so-
wieso nicht mehr.«

Ich erklärte nun dieser jungen Frau, warum ihre Haltung falsch, ja sogar schädlich für beide Seiten sei. Zunächst einmal: Niemand ist zu alt, um sich noch zu ändern. Ich kenne eine ganze Reihe sehr aktiver und bewußt lebender alter Menschen. Jeder Mensch hat zu jeder Zeit seines Lebens die Möglichkeit, sich geistig wei-
terzuentwickeln, jeder nach seinem Vermögen. Ob es
bei dem einen schneller geht, weil er noch jung ist, oder
ob ein älterer Mensch etwas länger braucht, sich an
neue Situationen anzupassen, ist ganz gleichgültig,
wichtig ist nur, daß wir uns ständig bemühen!

Aber die ältere Dame schadet im übrigen auch sich
selbst, wenn sie ihrer Tochter immerzu von ihren
Krankheiten erzählt, weil bekanntlich jede Konzentration auf einen Zustand des Mangels – in diesem Fall des
Krankseins – diesen begünstigt beziehungsweise verstärkt. Wer ständig in Begriffen des Krankseins denkt,
der wird aller Voraussicht nach auch krank bleiben.
Wenn wir also zulassen, daß sich ein Mensch solcherart
auf seine Schwächen und Defekte konzentriert, leisten
wir ihm einen schlechten Dienst. Denn wir sitzen nur
tatenlos herum und schauen, ohne helfend einzugrei-
fen, zu, wie dieser Mensch sich Schaden zufügt.

So brechen Sie die Fesseln negativen Denkens

Damit Sie nicht im alten Trott negativen Denkens stek-
kenbleiben, müssen Sie sich Ihre Denkgewohnheiten

vor Augen führen, um sie gegebenenfalls zu korrigieren. Wenn es Ihr Ziel ist, positiv zu denken, so sollten Sie auf die Entwicklung der nachfolgend genannten Eigenschaften besonderen Wert legen.

1. Optimismus

Betrachten Sie nicht alle anstehenden Aufgaben von vornherein als schwierig. Wem jedes Problem schwierig erscheint, der macht sich selbst das Leben nur unnötig schwer. Vor allem bei Handlungen, die unerläßlich sind, ist jedes Zögern und Zaudern überflüssig. Doch auch andere Maßnahmen, die der Erreichung Ihrer Ziele dienen, sollten Sie voll Optimismus ergreifen, damit Sie auch wirklich Ihr Bestes geben können und sich nicht von Ängsten und Zweifeln hemmen lassen.

2. Vertrauen

Wenn Sie ein bestimmtes Ziel oder einen Zustand anstreben, dann vertrauen Sie zuversichtlich darauf, daß Sie aufgrund Ihrer positiven Geisteshaltung diesen Zustand oder dieses Ziel auch erreichen werden. Jeder Zweifel ist ein geistiges Gift, denn er zersetzt die Kraft unseres Glaubens. Zweifel erwächst aus der Angst vor einem möglichen Mißerfolg. Angst löst jedoch genau das Gegenteil dessen aus, was wir eigentlich erreichen wollen. Das Vertrauen auf die eigenen Fähigkeiten ist also für den Erfolg unerläßlich.

3. Geduld

Wenn jeder unserer Gedanken eine unmittelbare Wirkung ausüben würde, so wären wir wahrscheinlich unseres Lebens nicht mehr sicher. Denn schon der unachtsame Gedanke an einen Unfall würde uns in dem Fall ins Krankenhaus bringen. Daher ist es eine sehr weise Einrichtung der Natur, daß nur Gedanken eines bestimmten Intensitätsgrades, die wir uns während eines längeren Zeitraumes immer wieder in das Bewußtsein rufen, die Kraft haben, sich zu verwirklichen. Wir dürfen also auch nicht erwarten, daß unser erstbester positiver Gedanke gleich bei seinem Auftauchen bereits unser Leben zum Guten hin zu wenden vermag.

4. Konsequenz im positiven Denken

Seien Sie bemüht, negative Gedanken und Gefühle in Zukunft von sich fernzuhalten. Dies wird Ihnen am ehesten gelingen, wenn Sie derartige Gedanken oder Gefühle sofort durch positive und aufbauende Gedanken und Gefühle ersetzen. Je lustbetonter die neuen Empfindungen sind und je verlockender der von Ihnen angestrebte Endzustand in Ihrem Geiste erscheint, um so leichter wird es Ihnen fallen, alles zur Verwirklichung eines Wunsches Notwendige zu tun.

Konsequentes Denken und Handeln können Sie nur erlernen, indem Sie beides ganz einfach praktizieren. Unterziehen Sie sich doch nur einmal eine Stunde lang der Mühe, nur positiv zu denken und zu fühlen. Lassen Sie keine Anwandlung eines negativen Gedankens oder Gefühls in sich aufkommen. Die wohltuende Wirkung werden Sie unmittelbar verspüren. Wenn Sie ehrlich mit sich sind, werden Sie vermutlich zugeben müssen, daß Sie meistens abfällig über Ihre Umwelt denken und sprechen und auf Ihre Mitmenschen überwiegend ablehnend reagieren. Denn kaum ein Mensch ist ganz frei von der Neigung, alles, was ihm begegnet, zunächst einmal egozentrisch zu beurteilen und somit zu verurteilen.

Aufgrund schlechter Erfahrungen in der Vergangenheit geben wir einem Menschen nur selten die Chance, einen einmal begangenen Fehler wiedergutzumachen, und eine einmal gefaßte Meinung lassen wir ebenfalls nur ungern wieder los. Bemühen Sie sich deshalb immer wieder von neuem darum, Situationen und Menschen völlig vorurteilslos zu begegnen. Lassen Sie den Dingen, die Sie nicht ändern können, ihren Lauf und den anderen Menschen das Recht auf ihre eigene Meinung. Jede andere Meinung ist zunächst einmal genausogut wie Ihre eigene. Sie werden sich wundern, wie gelassen, freundlich und unbeschwert Sie durchs Leben gehen, wenn Sie diesen Grundsatz beherzigen.

Wenn Sie negativen Gedanken und Gefühlen keine Chance geben, Ihr Gemüt zu belasten, so werden Sie schon bald merken, wie sehr Sie sich im wahrsten Sinne des Wortes geistig-seelisch entlasten. Positives Denken ist die wirksamste Methode auch gegen den Streß. Denn wenn Sie Ihre jeweiligen Lebensumstände als eine Aufgabe betrachten, der Sie fraglos gewachsen sind, so kann in Ihnen ein Gefühl der Niedergeschlagenheit gar nicht erst entstehen. Nehmen Sie daher alles an, was das Leben Ihnen bietet, werden Sie innerlich ein Lebenskünstler!

Je konsequenter Sie das positive Denken praktizieren, um so freier werden Sie im Geiste. Gefühle des Neides, der Eifersucht, des Ärgers und der Sorge werden keine Macht mehr über Sie haben, sind sie doch alle Produkte negativen Denkens. Wenn Sie jedoch gelernt haben, alles bereitwillig anzunehmen, was das Leben Ihnen bietet, so ist für zerstörerische Gefühle in Ihnen kein Platz mehr. Negative und das heißt immer auch selbstzerstörerische Gefühle haben keine echte Substanz. Sie sind nur so lange da, wie Sie diese in sich zulassen. Sobald Sie einmal erkannt haben, daß negative Gefühle Ihnen nicht im geringsten weiterhelfen, sobald Sie wirklich aus tiefstem Herzen glauben, was

Sie da erkannt haben, können Sie solche Gefühle in gewisser Hinsicht gar nicht mehr zulassen, da Ihnen das Schwelgen in Gefühlen des Zweifels, der Angst, Minderwertigkeit und Schuld nur noch als Zeit- und Kraftverschwendung erscheinen wird.

Wenn Sie es erst einmal einen Monat lang geschafft haben, in allen wichtigen Belangen positiv zu denken, werden Sie feststellen, daß Ihr Blick für die Chancen, die sich Ihnen bieten, offener geworden ist. Überall werden Sie hilfreiche Hände finden, und immer wieder wird es sogenannte »Glücksfälle« geben, die genau zur rechten Zeit kommen. Denn nach dem Resonanzgesetz muß Ihre zuversichtliche positive Denkweise auch entsprechend positive Lebensumstände nach sich ziehen. Vergessen Sie nicht: Ihr Unterbewußtsein braucht klare, starke und eindeutige Informationen; dementsprechend steuert es Ihr Handeln.

Fehlhaltungen, die Sie unbedingt ablegen sollten

Wenn Sie erreichen möchten, daß in Ihrem Leben die positiven Energien tatsächlich die Oberhand erhalten, müssen Sie zuvor noch einige schlechte Angewohnheiten ablegen. Ich rate Ihnen daher:

1. Streichen Sie möglichst alles Negative aus Ihrem Sprachgebrauch

Eine einfache Methode, positives Denken zu trainieren, besteht darin, jedes negative Wort, das Ihnen im Alltag entschlüpft, sofort durch ein positives zu ersetzen. Die Wörter, die Sie benutzen, sind Ausdruck Ihrer Gefühle, und Ihre Worte spiegeln daher Ihr Gefühlsleben wider. Sie können jedoch auch mit Wörtern auf Ihr Gefühlsleben zurückwirken, da eine neue Art zu reden Sie zugleich zwingt, auch Ihrem Denken und damit auch den dieses begleitenden Gefühlen eine neue Richtung zu geben.

2. Vermeiden Sie das Wörtchen »Wenn ...«

Viele Menschen verbringen Ihre Zeit damit, zu überlegen oder zu klagen, was alles hätte geschehen können, wenn nur ... Das ist reine Zeitverschwendung! Denn an der Vergangenheit läßt sich nichts mehr ändern. Alles, was Sie tun können, ist, positiv auf die Zukunft einzuwirken. Vergessen Sie darum die Vergangenheit, denken Sie nur an die Gegenwart und die Zukunft. Selbstvorwürfe sind Gift für die Seele, und sie behindern Sie nur auf Ihrem Weg. Ersetzen Sie daher »Wenn ...« lieber durch Sätze wie »Jetzt beginne ich ...« oder »Beim nächsten Mal werde ich ...«. Denn positives Denken heißt, wie gesagt, das Beste aus der gegebenen Situation machen und handeln!

3. Vergessen Sie Rechtfertigungen und Entschuldigungen

Jeder von uns hat wohl einige Entschuldigungen bereit, mit denen er seine Unterlassungen zu rechtfertigen sucht und die hauptsächlich dem Zweck dienen, die eigene Trägheit zu legitimieren. Hier eine keineswegs erschöpfende Auswahl derartiger Ausreden, die Sie vermeiden sollten, da sie nur dem Selbstbetrug Vorschub leisten:

Ich bin so beschäftigt, daß ich keine Zeit mehr finde, mich mit den wichtigen Fragen des Lebens zu beschäftigen!
Lösung: Warum wollen Sie den Rest Ihres Lebens in Unzufriedenheit verbringen, wenn es nur einer Erneuerung Ihres Denkens bedarf, damit Sie Ihr restli-

ches Leben in geistiger und materieller Fülle verbringen können? Wenn Sie mit Ihrem Leben so unzufrieden sind, daß Sie sich sogar der Mühe unterzogen haben, das vorliegende Buch bis hierher zu lesen, dann haben Sie ja bereits den ersten Schritt getan. Wenn Sie Ihr berufliches Fortkommen hin und wieder nicht mehr so todernst wie bisher betreiben, werden Sie auch Gelegenheiten finden, sich mit den Sinnfragen des menschlichen Lebens auseinanderzusetzen.

Ich bin zu alt, um noch etwas Neues anzufangen!
Lösung: In der Tat ist es im Alter schwieriger, mit eingefleischten Gewohnheiten zu brechen, doch unmöglich ist es ganz und gar nicht. Ob Sie zu alt sind, um noch einmal etwas Neues anzufangen, darüber bestimmen ausschließlich Sie selbst! Das Beispiel achtzigjähriger Karateexperten oder Fallschirmspringer macht deutlich: Jedem von uns stehen grundsätzlich alle Möglichkeiten des Lebens bis ins hohe Alter offen. Wenn Sie jedoch von vornherein für sich die Möglichkeit ausschließen, noch einmal Erfolg zu haben, so werden Sie vermutlich auch erfolglos bleiben. Wenn Sie hingegen tatkräftig und mutig auf ein einmal gesetztes Ziel hinarbeiten, so werden Sie es unabhängig von Ihrem Alter früher oder später auch erreichen. Auf ein paar Wochen oder gar Monate kommt es dabei wirklich nicht an.

Meine Familie und meine Freunde raten mir von meinem Vorhaben ab!
Lösung: Eines der wichtigsten Ziele des Mentaltrainings und ein Angelpunkt positiven Denkens ist es, Sie von der Meinung der anderen und von äußeren Einflüssen weitestgehend unabhängig zu machen. Es mag durchaus sein, daß Ihre Angehörigen über Ihre Bemü-

hungen lächeln. Doch wenn Sie eine positive Geistes- und Gefühlshaltung einnehmen und mit Hilfe des Mentaltrainings unbeirrbar Ihr Ziel verfolgen, dann werden Sie es auch erreichen.

Natürlich sollen Sie sich nicht zum Außenseiter oder Einzelgänger entwickeln, aber Unabhängigkeit von der Meinung anderer Menschen ist eine wichtige Voraussetzung für Ihren Erfolg.

Ich kann an das Gelingen meiner Pläne einfach nicht glauben!
Lösung: Es ist nicht einmal notwendig, daß Sie blind an den Erfolg glauben; wichtig ist nur, daß Sie für Ihr Weiterkommen arbeiten. Probieren Sie die Wirkung positiven Denkens und des Mentaltrainings doch einfach aus. Da der Glaube wesentlich für den Erfolg des Mentaltrainings ist, glauben Sie zunächst einmal an den Erfolg sozusagen »auf Vorschuß«. Sie werden schon bald den letzten Zweifel an den Erfolg fallenlassen, weil Sie Erfolg haben!

Ich komme aus meinem Trott einfach nicht heraus!
Lösung: Natürlich ist es schwer, eingeschliffene Lebensgewohnheiten von Grund auf zu ändern und das Leben neu zu gestalten. Nur: Wenn Sie es nicht tun, so wird bestimmt kein anderer daherkommen, um Sie aus Ihrem Trott herauszuholen. Für diese Aufgabe gibt es nur eine kompetente Person: Sie selbst!

Die einzige Möglichkeit, aus alten Gewohnheiten und aus der eigenen Trägheit auszubrechen, besteht darin, mit kleinen und kleinsten Schritten zu beginnen, um dann, vom Erfolg der eigenen Bemühungen ermutigt, in größeren Schritten weiterzumachen. Die Entwicklung Ihrer Persönlichkeit kann Ihnen niemand abnehmen, selbst wenn ein wohlmeinender Mensch dies wollte. Doch Sie können jederzeit von vorn beginnen, und die Chance, Ihrem Leben eine neue Richtung zu geben, ist heute größer als morgen.

Nach einem anstrengenden Arbeitstag bin ich so geschafft, daß ich zu nichts mehr Lust habe!
Lösung: Das Mentaltraining hilft Ihnen dabei, Streßgefühle abzubauen und Ihre Zeit effizienter einzuteilen. Auch wenn Sie den ganzen Tag angespannt gearbeitet haben, läßt sich das tägliche Mentaltraining fast spielerisch durchführen; entscheidend ist nur, daß Sie das von Ihnen angestrebte Ziel auch wirklich erreichen wollen.

Wenn Ihnen Ihr Ziel wirklich wichtig ist, so wird es Ihnen Freude bereiten mitzuerleben, wie Ihr Wunsch zunächst in Ihrem Geiste und dann auch in der Realität Form annimmt. In jeder Sitzung wird Ihnen Ihr Ziel deutlicher vor dem inneren Auge erscheinen, bis Sie es schließlich erreicht haben. Wenn Sie in freudiger Erwartung des Erfolges an der Realisierung Ihres Wunsches arbeiten, so wird schon nach kurzer Zeit die abendliche Müdigkeit wie verscheucht sein.

Bringen Sie positives Denken auch in Ihrer Sprache zum Ausdruck

Das gesprochene Wort ist noch mächtiger als jeder still gehegte Gedanke. Deshalb wurde Ihnen empfohlen, Ihre Wunschformel wenn möglich laut auszusprechen. Achten Sie jedoch besonders darauf, daß Sie, wenn Sie sprechen, inhaltlich und sprachlich möglichst immer das Positive betonen und so auch sprachlich Ihr positives Denken zum Ausdruck bringen und zugleich bekräftigen. Meiden Sie deshalb Wörter wie Angst, Haß,

Armut, Krankheit, Sinnlosigkeit und so fort. Mangel-
wörter setzen Energien frei, die Ihrer Vitalität abträglich sind und beengte Lebensumstände begünsti-
gen.

Sie wissen bereits, wie wichtig es für Ihren Erfolg
ist, daß Sie konsequent jeden negativen Gedanken positiv »umdenken« und jedes Fehlverhalten nachträglich im Geiste korrigieren, um entsprechende Fehler
in Zukunft zu vermeiden. In gleicher Weise sollten Sie
von nun an jedes Mangelwort, das Ihnen entschlüpft,
durch ein Wort der Zuversicht und des Gelingens ersetzen.

Umgeben Sie sich mit positiv denkenden Menschen

Sage mir, mit wem du Umgang pflegst, und ich sage dir,
wer du bist! Die Menschen, mit denen wir tagtäglich zu
tun haben, üben einen großen Einfluß auf unser Verhalten und unsere Lebensweise aus. Beobachten Sie doch
nur einmal, wie unterschiedlich Sie sich in Gegenwart
sehr positiv oder demgegenüber ausgesprochen negativ denkender Menschen verhalten und welche Verän-
derungen je nach Ihrer Gesellschaft in Ihnen vorgehen.

Wenn ein Mensch unter Depressionen leidet, so ist es
für ihn nicht gerade hilfreich, in ständigem Kontakt
mit Leidensgenossen zu stehen, da sich die hemmende,
negative Energie potenziert. Hilfreich ist es hingegen
für einen verzweifelten Menschen, sich in Gesellschaft
positiv denkender Menschen aufzuhalten, unter fröhli-
chen Leuten, die das Leben bejahen und ihre Zeit nutzen, an ihrer Entwicklung zu arbeiten und dynamisch
ihr eigenes Schicksal zu gestalten. Ein ängstlicher
Mensch sollte sich dementsprechend möglichst wenig
unter anderen ängstlichen Menschen aufhalten, da er

so keinen Ansporn erfährt, den Zustand des Mangels zu beheben.

Gehen Sie doch einmal im Geiste Ihren Bekanntenkreis durch und fragen Sie sich, welche Ihrer Bekannten Sie weiterbringen und welche nur Ihre Energie blockieren. Welche Kontakte ermutigen Sie, und von wem fühlen Sie sich innerlich förmlich ausgelaugt? Bringen Sie den Mut auf, Ihrer Entwicklung abträgliche Bekanntschaften abzubrechen, und sorgen Sie für eine Umgebung, in der Sie sich und Ihre Fähigkeiten optimal entwickeln können.

In seinem gesellschaftlichen Umgang offenbart sich der Charakter eines Menschen, aber auch die Qualität seiner Freunde und Bekannten wirkt auf die Persönlichkeit des einzelnen zurück. Verkehren Sie deshalb, soweit möglich, nur mit Menschen, deren lebensbejahende Geistes- und Gefühlshaltung ansteckend auf Sie wirkt!

Auch nein sagen will gelernt sein

Wer es im Leben zu etwas bringen will, muß sich dazu erziehen, seinen Standpunkt klar zum Ausdruck zu bringen. Wer nicht die Kraft aufbringt, auch einmal nein zu sagen, gerät leicht in die Gefahr, von anderen ausgenutzt oder ein Opfer der eigenen Impulse zu werden.

Nein sagen bedeutet in Wirklichkeit, ja zur eigenen Identität zu sagen. Ein klares und begründetes Nein beinhaltet in gewisser Hinsicht immer auch ein Ja zu einem höheren Wert.

Wenn Sie erkannt haben, was Sie eigentlich wollen, so sollten Sie auch den Mut und die Kraft haben, für Ihr Bestreben ganz einzustehen und unbeirrbar auf Ihr

Ziel hinzusteuern. Auf diesem Weg bedarf es eindeutiger Entscheidungen, die auch das Risiko des Verlusts und der Niederlage mit sich bringen. Aber: »Wer nicht wagt, gewinnt nicht!«

Doch zum Mut sollte auch noch die Ausdauer kommen. Erst wenn Sie sich nicht mehr beirren lassen und beharrlich dem Ziel zustreben und dabei mit beiden Beinen auf dem Boden bleiben, wird Ihr positives Denken auch die entsprechenden Früchte tragen. Sollte es Ihnen bisher jedoch an Ausdauer gemangelt haben, so können Sie sich diese Eigenschaft mit Hilfe des Mentaltrainings aneignen.

Sie erreichen, was immer Sie wünschen, wenn Sie aufbauend denken und zielstrebig und mutig ans Werk gehen. Doch es genügt nicht, nur ausnahmsweise einmal Mut zu beweisen, denn kaum ist ein Problem gelöst, so zeigt sich bereits ein neues. Positiv sein heißt aus dem Leben das Beste machen, und das schließt ein, daß Sie durchhalten. Echtes positives Denken ist durch nichts zu erschüttern. Die gute Absicht allein genügt nicht, belohnt wird Ihr Denken, Ihr geistiges Bewirken nur, wenn Sie beharrlich sind. In diesem Bestreben müssen Sie immer wieder wichtige Entscheidungen treffen, und in diesem Zusammenhang ist es für Sie auch wichtig, Handlungsweisen und Möglichkeiten zu verwerfen, um den Kräften zum Durchbruch zu verhelfen, die allein Sie an Ihr Ziel bringen können.

Schlußwort

Tief in jeder Menschenseele verborgen ist die Sehnsucht nach Freiheit, nach Loslösung von jeglicher irdischer Begrenztheit. Doch wir sind nicht nur mit unserem Körper an diese Welt gebunden, wir sind es auch mit unserem ganzen Denken und Fühlen. Daher sind wir erst wirklich frei, wenn wir unsere Gedanken und Gefühle beherrschen.

Die Kenntnis der Wahrheit und der Gesetze des Lebens ist weder ein Vorrecht des Abendlandes noch der fernöstlichen Welt, weder des Christentums noch des Islams, noch des Buddhismus. Wahrheit finden wir, wenn wir offen sind, in allen Kulturen und in allen Lebensumständen. Die Wirklichkeit ist das, was wirkt, und sie bedarf nicht unseres Glaubens, daß es sie gibt, um wirkend und damit wirklich zu sein. Jeder von uns steht vor der Wahl, Wahrheit und Wirklichkeit zu erkennen und so Harmonie in sein Leben zu bringen oder mit seinem Schicksal zu hadern und seine Chance zu vertun.

Es gibt nicht wenige Menschen, die all das zwar wissen, jedoch glauben, sie hätten irgendwann später noch genügend Zeit, sich mit diesen für jeden Menschen entscheidend wichtigen Fragen zu beschäftigen, weil sie augenblicklich angeblich Wichtigeres zu tun haben. Doch was jetzt zu tun ist, verträgt keinen Aufschub!

Das vorliegende Buch ist Ihnen vermutlich nicht ganz zufällig in die Hände gefallen, und wahrscheinlich beabsichtigen Sie, das Mentaltraining in Zukunft zu Ihrem eigenen Besten einzusetzen. Vielleicht möchten Sie sich beruflich verbessern, oder Sie haben ein spezielles persönliches Problem. Vielleicht möchten Sie aber ganz allgemein ein erfüllteres Leben führen, ohne zu wissen, wo Sie anfangen sollten.

Doch nun wissen Sie es. Die Darstellung des Mentaltrainings hat Ihnen die Gesetzmäßigkeiten ins Bewußtsein gebracht, die Sie kennen müssen, um die Gestaltung Ihres Lebens von nun an in Ihre eigenen Hände zu nehmen. Nutzen Sie diese Chance jetzt! Die Methode des Mentaltrainings weist Ihnen den Weg, wie Sie jederzeit Ihr Bestes geben und aus Ihrem Leben einen Erfolg machen können.

Es ist der Zweck dieses Buches, Sie dazu anzuspornen, Meister Ihres Schicksals zu werden. Um jedoch ein Meister zu werden, brauchen Sie nicht Ihre Familie, Ihren Beruf und Ihren Wohnsitz aufzugeben, um sich von einem indischen Guru in die Geheimnisse des Lebens einweihen zu lassen. Wenn dies ihr Weg wäre, so wären Sie sicher in Indien zur Welt gekommen. Meister werden kann man überall, nämlich Meister zunächst über sich selbst – über Ärger, Angst, Neid, Eitelkeit, Haß – und sodann über das eigene Leben. Meister sein heißt, das zu tun, wovon im Grunde jeder Mensch weiß, daß es das Richtige und Wesentliche ist, und dieses Wissen im Alltag praktisch zu leben.

Der menschliche Körper ist dem Zerfall preisgegeben, denn er ist dem Tod unterworfen. Unser wahres Selbst jedoch ist unsterblich und tritt nach dem physischen Tod in eine neue Erfahrung ein. Wir alle sind in Wirklichkeit Teil des einen kosmischen Bewußtseins, und das größte Geschenk des einzelnen Menschen für sich selbst wie für die Menschheit besteht darin, die Erleuchtung seines Bewußtseins zu fördern. Daher ist jeder Mensch sich selbst die größte Aufgabe, die ihm gestellt ist, und es ist seine Pflicht, seine ganze Kraft auf die Lösung dieser Aufgabe zu verwenden.

Das Mentaltraining ist eine universell anwendbare Methode, Probleme zu lösen und persönliche Wünsche zu verwirklichen. Wenn Sie dieses Buch jedoch – vielleicht sogar begeistert und voller Zustimmung – aus der Hand legen, ohne für Ihren Alltag aus dem hier Gelesenen irgendwelche Konsequenzen zu ziehen, so wird sich an Ihrem Leben natürlich auch nichts ändern. Erst wenn Sie das Mentaltraining regelmäßig praktizieren, setzen Sie jene Kräfte frei, die Ihr Schicksal in ganz neue Bahnen lenken können. Den Leitfaden für aktive Lebensgestaltung halten Sie nun in Ihrer Hand. Für die Ausführung Ihrer großen Pläne wünsche ich Ihnen viel Erfolg!

Zu diesem Buch wurden übrigens – ebenfalls unter dem Titel »Kraftquelle Mentaltraining« – auch zwei Langspiel-Audiokassetten in Box veröffentlicht. Die von mir selbst gesprochenen Hörkassetten haben eine Spieldauer von mehr als zwei Stunden. Im Hintergrund meines Sprechens hören Sie leise, meditationsfördernde Musik. Die Kassetten geben Ihnen eine Einleitung zum Mentaltraining und sodann praktische Übungen wieder. Sicher könnten auch Ihnen diese Kassetten viel nützen.

Wenn Sie ein besonderes Problem haben oder Ihr neuerworbenes Wissen im Zuge eines Seminars perfektionieren möchten, schreiben Sie bitte, allenfalls unter Anforderung eines Seminarplanes, an:

Institut für Mentaltraining
Professor Kurt Tepperwein
Am Mühlenberg 37
51465 Bergisch Gladbach

Literaturverzeichnis

ADLER, Gerhard: Das lebendige Symbol. London 1958.

AMANN, A. N.: Aktive Imagination. Walter Verlag, Olten 1978.

BERGSON, Henri: Die seelische Energie. Jena 1928.

BOECKEL, Johannes: Meditationspraxis. Goldmann Verlag, München 1981.

CARRINGTON, Patricia: Das große Buch der Meditation. Scherz Verlag, Bern/München/Wien 1982.

CONDREAU, Gion (Hrsg.): Die Psychologie des 20. Jahrhunderts. Bd. XV: Transzendenz, Imagination und Kreativität. Zürich 1979.

DESOILLE, R.: Le rêve éveillé en psychotherapie. Paris 1948.

DEVI, Indra: Ein neues Leben durch Yoga. Ariston Verlag, Genf 1981.

DYCHTWALD, Ken: Körperbewußtsein. Essen 1981.

FREEDOM-LONG, Max: Geheimes Wissen hinter Wundern. Bauer Verlag, Freiburg 1982.

–: Kahuna-Magie. Bauer Verlag, Freiburg 1982.

GAWAIN, Shakti: Stell dir vor. Kreativ visualisieren. Sphinx Verlag, Basel 1984.

GREEN, Elmer und Alice: Biofeedback, eine neue Möglichkeit zu heilen. Freiburg 1978.

HEILER, Friedrich: Erscheinungsformen und Wesen der Religion. Stuttgart 1979.

JUNG, Carl Gustav: Symbole der Wandlung. Zürich 1924.

–: Der Mensch und seine Symbole. Walter Verlag, Olten 1968.

KESSLER, Herbert: Das offenbare Geheimnis. Freiburg 1977.

KIRCHGASSNER, Alfons: Welt als Symbol. Würzburg 1968.

KIRCHNER, Georg: Pendel und Wünschelrute – Handbuch der modernen Radiästhesie. Ariston Verlag, Genf 1977.

LEADBEATER, C. W.: Astralebene, Mentalebene, Träume. Hirthammer Verlag, München 1980.

LEUNER, Hanscarl: Imagination als Spiegel des unbewußten Seelenlebens. Bremen 1974.

–: Katathymes Bilderleben, Grundstufe, Stuttgart 1981.

–: Katathymes Bilderleben – Ergebnisse in Theorie und Praxis. Bern 1980.

–: Katathymes Bilderleben mit Kindern und Jugendlichen. Basel 1977.

LYSEBETH, André van: Durch Yoga zum eigenen Selbst. Scherz Verlag, Bern/München/Wien 1980.

MASTERS, R. und HOUSTON, J.: Mind Games. New York 1972.

MEIER, C. A.: Experiment und Symbol. Olten 1975.

MEINHOLD, Werner J.: Spektrum der Hypnose. Ariston Verlag, Genf 1980.

MLAKER, Rudolph: Geistiges Pendeln. Bauer Verlag, Freiburg 1959.

MURPHY, Joseph: Energie aus dem Kosmos – Ihre unversiegbare Quelle der Kraft. Ariston Verlag, Genf 1977.

–: Die Gesetze des Denkens und Glaubens – Sie werden, was Sie denken und glauben. Ariston Verlag, Genf 1979.

–: Die Macht Ihres Unterbewußtseins – Das große Buch innerer und äußerer Entfaltung. Ariston Verlag, Genf 35. Aufl. 1985.

–: Der Weg zu innerem und äußerem Reichtum – Ihr Denken gestaltet Ihr Leben. Ariston Verlag, Genf 1983.

–: Dr. Joseph Murphys Vermächtnis. Ariston Verlag, Genf 1985.

SCHWARISCH, Lutz, und SIEMS, Martin: Selbstentfaltung durch Meditation. Reinbek 1976.

SHORR, Joseph E.: Psycho-Therapy through Imagery. New York 1974.

–: The existential Question and the Imagery Situation as Therapy. Existential Psychiatry 1967.

TEPPERWEIN, Kurt: Geistheilung durch sich selbst. Ariston Verlag, Genf 1975.

–: Die hohe Schule der Hypnose – Fremdhypnose, Selbsthypnose. Ariston Verlag, Genf 1978.

TIETZE, Henry G.: Imagination und Symboldeutung – Wie innere Bilder heilen und vorbeugen helfen. Ariston Verlag, Genf 1983.

LESERSERVICE

Kurt Tepperwein persönlich oder in einem Heimseminar erleben!

Wünschen Sie tiefer in das Thema dieses Buches einzusteigen, dann empfehlen wir Ihnen, die folgende Chance zu nutzen:

Gewünschtes bitte ankreuzen!

Seminare/Ausbildung:
- ☐ Motivationsseminare mit verschiedenen Themen (Tagesseminare)
- ☐ Ausbildung zum Dipl. Lebensberater/in

Ausbildungen mit Felix Aeschbacher (Lehrbeauftragter v. K. Tepperwein):
- ☐ Dipl. Mental-Trainer/in
- ☐ Dipl. Bewusstseins-Trainer/in
- ☐ Dipl. Intuitions-Trainer/in
- ☐ Dipl. Seminarleiter/in
- ☐ Meditations-Trainer/in (Zertifikat)

Heimstudienlehrgänge:
- ☐ Einführungslehrgang »Die 7 Schritte zur Erfolgspersönlichkeit«
- ☐ Dipl. Lebensberater/in
- ☐ Dipl. Mental-Trainer/in
- ☐ Dipl. Intuitions-Trainer/in
- ☐ Dipl. Seminar-Leiter/in
- ☐ Dipl. Erfolgs-Coach/in
- ☐ Dipl. Gesundheits- + Ernährungs-Berater/in
- ☐ Dipl. Partnerschafts-Mentor/in

Gesamtprogramme:
- ☐ Gesamtseminar- und Ausbildungsprogramm IAW
- ☐ Neuheiten der Bücher-, CD- und DVD-Programme von Kurt Tepperwein
- ☐ Gesundheitsprodukte-Programm

Dazu ein persönliches Geschenk:
- ☐ Die 20-seitige Broschüre »Praktisches Wissen kurz gefasst« von Kurt Tepperwein

Sie erhalten Ihre gewünschten Informationen selbstverständlich kostenlos und unverbindlich

Internationale Akademie der Wissenschaften (IAW)
St. Markusgasse 11, FL-9490 Vaduz
Tel. 00423 2331212   Fax 00423 2331214
Deutschland Tel. + Fax 0911 699247 (Beratungssekretariat)
E-Mail: go@iadw.com   Internet: www.iadw.com

Das Praxisbuch
des Erfolgsautors

Kurt Tepperwein
Praxisbuch Mental-Training

160 Seiten, Broschur
ISBN-10: 3-7205-2789-1
ISBN-13: 978-3-7205-2789-7

Kurt Tepperwein, Bestsellerautor, Seminarleiter und Lebenslehrer,
hat Mental-Training vor vielen Jahren erstmals für eine breite
Zielgruppe zugänglich gemacht. Ursprünglich für Manager und
Leistungssportler entwickelt, erarbeitete er daraus eine Methode,
mit der jeder seine persönlichen und beruflichen Wünsche
verwirklichen kann. Dieses Praxisbuch zeigt mit konkreten
Übungen, wie man – indem man sein Denken ändert – sein
Leben ganz nach der eigenen Vorstellung lebt.

A R I S T O N

Der Klassiker als überarbeitete Neuausgabe

Dr. Joseph Murphy
Die Macht Ihres Unterbewusstseins

288 Seiten, gebunden mit Schutzumschlag
ISBN-10: 3-7205-2698-4
ISBN-13: 978-3-7205-2698-2

In seinem Jahrhundertwerk *Die Macht Ihres Unterbewusstseins* hat der berühmte Wegbereiter des positiven Denkens Dr. Joseph Murphy das Geheimnis des »Glaubens, der Berge versetzt« ergründet. Er zeigt, wie wir die Kraft, die in unserem Unterbewusstsein verborgen ist, in uns wecken und schöpferisch nutzen können. Allein in Deutschland haben sich bereits über 2,5 Millionen Leser dieses Potenzial für Glück, Erfolg und persönlichen Wachstum zu eigen gemacht.

ARISTON

ARKANA
GOLDMANN

Das Wunder Ihres Geistes

Joseph Murphy
Das Wunder Ihres Geistes   21726

Joseph Murphy
Die unendliche Quelle...   21727

Kurt Tepperwein
Die Geistigen Gesetze   21610

Kurt Tepperwein
Wunder vollbringen...   21642

Goldmann • Der Taschenbuch-Verlag

Heile dich selbst!